W0264657

Michael Saur
Thomas Schuler

Das Leben war ein Pfeifen
Kubanische Fluchten

Picus Lesereisen

Picus Verlag Wien

Für Odelia
und Ruben und Pe.

Die Deutsche Bibliothek – CIP-Einheitsaufnahme

Saur, Michael:
Das Leben war ein Pfeifen: kubanische Fluchten /
Michael Saur; Thomas Schuler. – Wien: Picus Verl., 2000
(Picus Lesereisen)
ISBN 3-85452-734-9

Copyright © 2000 Picus Verlag Ges.m.b.H., Wien
Alle Rechte vorbehalten
Grafische Gestaltung: Dorothea Löcker, Wien
Umschlagabbildung: © Sven Creutzmann/Zeitenspiegel
Druck und Verarbeitung: Remaprint, Wien
ISBN 3-85452-734-9

Inhalt

»Allein im Meer des Kapitalismus« – Fidel Castro

Anstelle eines Vorworts

Wenn du Kubaner und jünger als vierzig bist, war Fidel Castro jeden Tag ein Teil deines Lebens. Wenn du den Fernseher anschaltetest, hörtest du seine papierne Stimme, und der im Rhythmus seiner Reden mitschwingende Zeigefinger war so charakteristisch, daß du deinen aus Ehrfurcht selbst niemals in dieser Art benutzen würdest. Auch wenn du nicht dabei warst, erinnerst du dich an die weißen Tauben, die auf seinen Schultern landeten, als er auf dem Platz der Revolution seine erste Rede hielt, weil du das Bild tausendmal gesehen hast. Er wurde dein Beschützer und dein Held, und auf den Plakaten deines Stadtteils konntest du es nachlesen: »Revolución«, oder »Mit Fidel, das ganze Leben lang«.

Du dachtest an ihn, als du zu den jungen Pionieren gingst. Du hast gelernt, daß er das einzige ist, das zwischen dir liegt und der ständig drohenden Invasion aus den neunzig Meilen entfernten USA. Du bist ein Kind, doch sein Mut rührt dich zu Tränen, und sein Mut wird zu deinem Mut. Er war stets dabei, wenn eine neue Schule oder ein Kindergarten eröffnet wurde, ja vielleicht hielt er dich einmal auf seinen Knien. Du begibst dich, als er es fordert, in die Zuckerfelder, und als die Ernte hinter den von Fidel versprochenen zehn Millionen Tonnen zurückbleibt und der vorangegangene Kraftakt die Infrastruktur deines Landes an den Abgrund bringt, schreist du laut »nein«, als Fidel seinen Rücktritt anbietet. Du gibst dein Blut für ihn, das er als Hilfeleistung in Katastrophengebiete der Dritten Welt schickt. Du gehst nach Angola und bist bereit, für ihn zu sterben. Und wenn du Fragen hast, stellst du sie nicht, weil er immer mehr Ahnung hat als du, und deswegen weiß, was er tut. Und du bist stolz. So eine kleine Insel, so eine große Rolle in der Geschichte der Welt.

Dann kommt die *periodo especial*. Nun verlangt er von dir zu hungern. Auf den Straßen fahren keine Autos mehr, weil das Benzin nach dem Niedergang der Sowjetunion ausbleibt. Du siehst immer mehr Touristen, für die Dollar-Läden eingerichtet werden, zu denen du keinen Zutritt hast. Wenn du einen Dollar in der Tasche hast, gehst du ins Gefängnis. Und du siehst im Fernsehen zu, wie General Arnaldo Ochoa erschossen wird, der Feldherr aus Angola, der die südafrikanische Armee besiegt hatte. Er ist ein Freund Fidels, den das Volk liebt. Fidels Stimme ist firm und sein Blick klar, als er ihn des Hochverrats bezichtigt und zum Tode durch Erschießen verurteilt. Und du beginnst zu zweifeln. Du ahnst plötzlich, daß niemand sicher ist vor Fidels Zielen. 1994 hörst du dann, daß am Malecón die Menschen wütend demonstrieren, zum ersten Mal seit der Revolution. Du gehst hin, und du demonstrierst mit. Und plötzlich ist Fidel da. Er stapft mitten rein in die Menge der aufgebrachten *Habaneros*. Damit war der letzte Stein geworfen. Er hat Mut, hierher zu kommen, denkst du, aber gleichzeitig weißt du auch, daß er sich niemals ändern wird und daß er niemals zugeben wird, wenn er geschlagen ist, und du gehst mit gesenktem Kopf nach Hause. Du kannst nur warten.

»La vida es silbar«. Das Leben ist ein Pfeifen. So heißt ein Film des kubanischen Regisseurs Fernando Pérez, der 1999 in den kubanischen Kinos anlief. Frech und gescheit wirft der Regisseur Licht auf sein Land und seine Leute. Einer der Protagonisten des Films wird von seiner Mutter verlassen. Die Mutter heißt Kuba, und sie ist fortgegangen, weil sie enttäuscht war von ihrem Sohn, der in ihren Erwartungen zurückblieb und nicht *el hombre mejor*, der bessere Mensch, zu werden versprach. Der Sohn muß, um zu überleben, schummeln und stehlen. Er flüchtet sich in die Liebe und in die Musik. Andere im Film, die sich nicht flüchten können, verlieren das Bewußtsein, wenn die Worte der Wahrheit fallen: Angst, Zivilcourage oder Opportunismus zum Beispiel. Wenn also gepfiffen wird, dann nur noch, um die Realitäten nicht hören zu müssen.

Fidels Obsession mit Ehre und Stolz, die er als das unehelich geborene Kind einer Waschfrau und eines weißen Gutsbesitzers seit seiner frühen Jugend in sich trägt, als das brutale Klassenempfinden Lateinamerikas ihn spüren ließ, daß er nichts weiter als ein *cualquiera*, ein »jedermann« ist, wandelten sich in Trotz. Das nimmt ihm nichts von seiner Schlauheit. Mit jedem Konflikt, den das Land erlebt, gewinnt Fidel an Energie. Seine mit Statistiken und Zahlen vollgepfropften und im Fernsehen übertragenen Reden werden vom Volk oft nur noch verfolgt, um Zeichen einer möglichen Krankheit im mager gewordenen Gesicht des gealterten Revolutionärs zu erkennen. Er redet stundenlang, bis alle anderen längst eingeschlafen sind. Er hat sich erneut gesundgeredet.

In Kuba findet man den Stoff für Groschenromane, Geschichten wie die des unehelichen Kindes Fidel Castro. Er ist der am längsten amtierende Regierungschef dieses Jahrhunderts. Sein Werdegang hätte zu Beginn der Revolution als Prognose verwegen geklungen. Die Geschichte von Fidel Castro ist so verwegen wie das beliebte Motiv der lateinamerikanischen *telenovelas* vom armen Landmädchen, das das Herz des reichen Städters gewinnt. Was aber oft zunächst als Kitschschnulze daherkommt, verdient später Bewunderung, denn die Dramaturgie ist kunstvoll.

Der Name Fidel fällt in »La vida es silbar« nicht ein Mal. Der von seiner Mutter Kuba verlassene Protagonist entschließt sich am Ende des Films gegen die Flucht aus dem Land. Er weiß, ginge er, Fidel würde ihn begleiten, und er würde, wie die meisten Kubaner im Exil, zu hassen beginnen. Er bleibt, denn er weiß, das Pfeifen wird zurückkehren nach Kuba. Im Film wird es für das Jahr 2020 vorausgesagt. Ort der Prophezeiung für das Glück der Zukunft ist wieder der Platz der Revolution, wo die weißen Tauben auf den Schultern von Fidel Castro landeten, als das Leben noch ein fröhliches Pfeifen war.

Das Geheimnis um Castros Geliebte

Zwischen Dichtung und Wahrheit: das schillernde und undurchschaubare Leben der Marita Lorenz

Marita Lorenz hat ein Problem: Sie kann keinen Kaffee servieren. Die erste Tasse hat sie gleich nach der Begrüßung aufgesetzt. Gebracht hat sie den Kaffee nicht – wahrscheinlich, weil ihr Gast schon ins Wohnzimmer gegangen war. Drei Stunden später fiel ihr der Kaffee wieder ein, und fast fordernd bat sie, doch noch mal mit in die Küche zu kommen. Milch? Zucker? »Hier! Bitte! Sie können mir dabei zusehen. Ich tu' Ihnen nichts rein.« Nichts außer Milch und Zucker, meinte sie. »Oder wollen Sie es selbst tun?« Ihre Worte klangen nicht ironisch, sondern bitterernst. Als ob man nie vergessen könnte, daß sie vor mehr als dreißig Jahren nach Havanna geflogen war, um den kubanischen Staatschef Fidel Castro zu vergiften.

Ihre Angst, daß man ihr nichts glaubt, ihr nicht traut, ist verständlich. Fast in einem Atemzug erzählt sie von ihren Erlebnissen als Geliebte von Fidel Castro und als Agentin der CIA, die später nach Havanna geschickt wurde, um den kubanischen Revolutionshelden umzubringen. Sie erzählt von ihrem Sohn, den niemand außer ihr je gesehen hat und dessen Vater wiederum angeblich Castro ist. Und von ihrer Tochter, deren Vater der ehemalige Staatschef von Venezuela ist: General Marcos Pérez Jiménez.

Sie erzählt außerdem von ihrer Verwundung 1961, die sie sich zuzog, als sie sich als Anti-Castro-Kämpferin auf die Invasion in der kubanischen Schweinebucht vorbereitete, und davon, daß sie für mehrere Monate im Auftrag Jiménez' in den brasilianischen Urwald verschleppt wurde. Und sie erzählt von einer Autofahrt nach Dallas am 18. November 1963, vier Tage vor der Ermordung John F. Kennedys. Sollte sie etwa Details wissen über ein Komplott? Denn mit im Auto saßen angeblich einige CIA-Agenten und Lee Harvey Oswald. Allerdings hatte ja die vom US-Präsidenten eingesetzte Untersuchungskommission festgestellt, daß Oswald der alleinige Täter war und nicht für CIA, KGB, Mafia oder sonst einen Geheimbund gehandelt hatte. Nur: auch das ist nach wie vor umstritten.

Mindestens elf Autoren hätten sich an Marita Lorenz' Geschichte versucht, schreibt die Zeitschrift *Vanity Fair*. 1976 habe der Verlag Viking Press einen Bestseller hinter ihrer Lebensgeschichte vermutet und ihr und einem Co-Autor 320.000 Dollar Vorschuß gezahlt (Lorenz sagt, sie habe nur neunzigtausend bekommen). Das Buch wurde nie fertig: Jener Co-Autor sei wie alle vor und so viele nach ihm am Chaos dieses Lebens gescheitert. Marita Lorenz selbst sagt, Regisseur Oliver Stone habe ihr 25.000 Dollar gegeben und sie fünf Jahre lang gedrängt: Er wollte ihre Geschichte haben. Jetzt hofft sie, daß Stone einen Film daraus macht. Dafür habe sie bereits einen Vertrag mit ihm über zweihunderttausend Dollar abgeschlossen.

Der Journalist Gerald Posner hat gezählt, daß inzwischen mehr als zweitausend Bücher über das Attentat auf Kennedy veröffentlicht wurden. Die Autoren hätten fast dreißig Schützen namentlich identifiziert als zweiten oder – je nach Theorie – als dritten, vierten oder fünften Täter. Posner hat selbst eines der zweitausend Bücher geschrieben. Anders als die meisten Autoren versucht er jedoch zu belegen, daß Oswald der einzige Täter war, und wendet sich gegen Juristen und Autoren wie Mark Lane. Lane zählt zur ersten Generation der Verschwörungstheoretiker und nährt auch in seinem Buch »Plausible Denial« die

Theorie, die CIA habe Kennedy ermorden lassen – und Marita Lorenz ist seine Kronzeugin für diese Theorie.

Als Beleg führt Lane eine Aussage an, die Marita Lorenz 1978 unter Ausschluß der Öffentlichkeit gegenüber einem Ausschuß des Kongresses machte, der die Hintergründe des Kennedy-Attentats nochmals aufrollen sollte. Sie erzählte damals, ein Bekannter namens Frank Sturgis habe sie in Miami angerufen und ihr einen Job angeboten: eine Fahrt nach Dallas. Sie dachte, es gehe um eine der üblichen Waffenlieferungen an Anti-Castro-Kämpfer. Mit im Auto saßen der frühere Chef von Castros Luftwaffe, außerdem Sturgis und »Ozzie«, den sie später als Lee Harvey Oswald identifizierte. Man sei die Nacht durchgefahren und habe in Dallas zwei Motel-Zimmer genommen. Zweimal bekam die Gruppe dort Besuch: zuerst von Jack Ruby, später von E. Howard Hunt.

Das ist eine illustre Schar von Gaunern, denn Jack Ruby ist jener Mann, der später Oswald ermordet hat. Und Howard Hunt ist ein zwielichtiger CIA-Agent, der die Ausbildung von Anti-Castro-Guerillas finanzierte. Später hat er Sturgis und andere Exil-Kubaner für den Watergate-Einbruch bezahlt; heute schreibt er billige Krimis. Marita Lorenz kannte Sturgis bereits aus ihrer Zeit in Havanna. Damals nannte er sich Francisco Fiorini und galt als enger Kampfgefährte von Fidel Castro. Später stellte sich heraus, daß er von der CIA bezahlt worden war. Sturgis ist im Dezember 1993 in Miami verstorben. Aber bis zuletzt hat er versichert, mit dem Kennedy-Mord nichts zu tun gehabt zu haben. Die Fahrt nach Dallas sei eine reine Erfindung von Marita Lorenz, und mit Oswald habe er weder gearbeitet, noch habe er ihn je getroffen. Laut Zeitungsberichten fand sich aber der Name Fiorini in Oswalds Telefonbuch.

Man könnte vermutlich das 2001. Kennedy-Buch mit solchen Details vollschreiben und wüßte dennoch nicht, wo in den Aussagen von Marita Lorenz Wahrheit endet und Dichtung beginnt. Die Journalistin Ann Louise Bardach hat nach Belegen für Lorenz' Behauptungen gesucht. Immerhin stellte Bardach fest, daß nach Berichten des FBI und anderer Behörden die Hälfte von Marita Lorenz' Erzählungen belegbar seien. Die andere Hälfte allerdings widerspreche dem, was dokumentiert ist. Posners Sicht ist härter: Er zählt Marita Lorenz zu jenen Leuten, die lediglich 15 Minuten Ruhm genießen wollten. »Marita? Sie erfindet unglaubliche Märchen über ein CIA-Komplott und erzählt von Autoausflügen und Treffen mit Ruby und CIA-Agent Howard Hunt.« Posner zitiert einen Mitarbeiter eines Untersuchungsausschusses: »Mein Gott, wir haben so viel Zeit mit Marita zugebracht. Wir konnten sie nicht ignorieren, weil sie so viel Mist erzählt hat, und wir suchten Belege dafür, aber es war wirklich nur Mist. Wir waren mehr als hundert Stunden mit ihr und Sturgis zusammen. Alles umsonst ... Marita ist nicht glaubwürdig.«

Ist es ein Wunder, daß diese 55jährige Frau, in deren Lebensweg sich also gleich mehrere Traumata der jüngsten amerikanischen Geschichte kreuzen, verstört wirkt? Während sie uns durchs Haus führt, schrammt sie mehrmals gegen die Wand, als sei sie in Trance. Aus dem Keller holt sie zwei Pappkisten mit alten, verstaubten und vergilbten Aktenordnern. »Mein Leben ist in diesen Kisten«, sagt sie. »Unten sind noch mehr davon.« Zwölf Aktenordner türmt sie vor sich auf mit Briefen, Zeugnissen, Fotos, Zeitungsausschnitten, Kopien – alles wild durcheinander, als habe jemand in Altpapier gewühlt. Oder anders ausgedrückt: Alles ist so chaotisch und wirr wie das Leben dieser Frau.

»Mata Hari der Karibik« wurde sie von der Boulevardpresse getauft: »kalte Deutsche« haben sie die Kameraden ihrer Guerillatruppe genannt. Marita ist im August 1939 in Bremen geboren. Ihr Vater war ein deutscher Kapitän, der ihre Mutter, eine Tänzerin und Schauspielerin, am Broadway in New York kennengelernt hatte. Nach dem Krieg zog die Familie nach Manhattan.

Marita kramt in Fotos von Bad Münster am Stein nahe Bad Kreuznach aus ihrer Kiste. In dem Ort gibt es ein Hotel Lorenz und eine Straße zu Ehren von Kapitän Lorenz. Dorthin war ihr Vater nach seiner Pensionierung gezogen und zum Bürgermeister gewählt worden. Außerdem saß er im Aufsichtsrat der Norddeutschen Lloyd. Maritas Geschwister leben jedenfalls in den USA. Ein Bruder ist Diplomat, ein zweiter Konzertpianist, ihre Schwester ist Ärztin. Richtig berühmt ist allerdings nur Marita geworden.

»Der Spion, der Castro liebte«, titelte eine Frauenzeitschrift. Amerika kennt sie aus Boulevard-TV-Magazinen und Talkshows, aus Illustrierten und von ihrer Biographie, die im Dezember 1993 in den USA erschienen ist. »Ich kann alles beweisen«, sagt sie. »Ich habe alles hier.«

Und ihre Geschichte ist wirklich unglaublich. Wo hört das Erlebte auf, wo beginnt die Phantasie? Wieviel Verfolgungswahn muß man zugestehen bei einem solchen Leben? »Dies ist mein letztes Interview«, kündigt sie an und wünscht ihrem Verlagsagenten den Tod. Sie schimpft über den Vertrag, den sie mit ihm geschlossen hat, und fuchtelt mit einem Fax herum, auf dem die Angebote diverser Verlage vermerkt sind: Italien bietet siebentausend Dollar für die Auslandsrechte, Deutschland hat achtzigtausend gezahlt, Frankreich zwanzigtausend und Schweden/Dänemark achttausend. Daß sie als Autorin nur siebzig Prozent bekommt und daß sie von ihren siebzig Prozent nochmals vierzig an den Co-Autor abgeben muß, das will ihr nicht in den Kopf. »Ich habe das Kleingedruckte nicht gelesen«, sagt sie.

Und natürlich schimpft Marita Lorenz auch über ihren Co-Autor Ted Schwarz: »zu schmalzig« habe er vieles geschrieben, meint sie. Gesehen hat sie den Mann nie. Sie kennt ihn nur vom Telefon. Einen Monat lang habe er Fragen gestellt und die Gespräche auf Tonband aufgenommen.

Marita Lorenz hat am Hals eine daumengroße Narbe, die von einer Schußwunde herrührt. Ihr Gesicht ist stark geschminkt, die Haare scheinen dunkel gefärbt zu sein. Sie trägt eine blaue Cordhose und eine altmodische Bluse. Ihre Stimme ist tief und burschikos – ihr kantiger, hüpfender Gang erinnert mehr an einen 16jährigen Halbstarken denn an eine 55jährige Frau. Im dritten Stock des Hauses, das in Baltimore an der amerikanischen Ostküste liegt und einer Bekannten gehört, hat sie ihre Matratze, ein Regal voller Bücher über Spionage und Kuba und einen Schrank voller Uniformen und Erinnerungen.

»Das hier ist Fidels Mütze«, sagt sie. »Und das hier ist der Kapitänssmoking von Papa.« Ihr Vater Heinrich Lorenz habe ihn getragen, als er »seinen Freund« Willy Brandt an Deck seiner »Berlin« begrüßte. Auf alten Fotos ist außer Brandt und Kapitän Lorenz auch Theodor Heuss zu sehen. Mit Heuss, erzählt sie, habe sie damals Schach gespielt und ihr erstes Glas Wein getrunken. Das war die Zeit, als sie als Mädchen einige Jahre auf den Luxusschiffen ihres Vaters gearbeitet hat.

Am 28. Februar 1959 ankerte die »Berlin« im Hafen von Havanna. »Ich stand auf der Brücke und sah ein Boot auf uns zukommen. Darin saßen 27 Männer, und alle hatten den gleichen Bart. Einer überragte alle anderen. Er stand vorne, und er hatte ein Gewehr. Ich dachte, ›Scheiße, wollen die uns etwa entern?‹« Ihr Vater machte gerade ein Mittagsschläfchen, und deshalb übernahm sie das Kommando: »Ich schrie sie auf deutsch an, und der Starke schrie zurück, er wolle an Bord kommen. »Ich bin Kuba«, sagte er. »Ich bin Comandante Fidel Castro.« Zwei Monate zuvor hatte Castro den kubanischen Diktator Batista besiegt.

Die 19jährige Marita antwortete: »Das hier ist deutscher Boden.« Fidel erwiderte: »Das mag sein. Aber ihr seid in meinem Hafen.« Sie forderte die Männer auf, die Waffen abzulegen, dann ließ sie alle an Bord und zeigte Fidel das Schiff. Zwei Stunden später war sie in ihrer Kabine und wollte sich hübsch machen. Da klopfte es. In der Tür stand der Steward – und dahinter Fidel. Er hatte eine dieser langen Zigarren angesteckt; und während er nach einem Aschenbecher fragte, trat er ins Zimmer und schloß die Tür. »Dann umarmte er mich, und beim ersten Kuß sagte er: von Comandante zu Comandante.«

Er blieb an Bord, bis das Schiff Richtung Manhattan ablegte. Ein paar Tage später rief er bei ihr zu Hause an, und tags darauf schickte er ein Flugzeug nach New York, um sie zu holen. Die nächsten sieben Monate bewohnte sie mit ihm ein Stockwerk des Hotels Habana Libre. Als Castro im April 1959 Präsident Eisenhower besuchen wollte, begleitete sie ihn. Eisenhower schickte seinen Vize Richard Nixon zu dem Treffen, das für Castro wenig erfolgreich verlief. Immerhin betrachtete das amerikanische Außenministerium Fidels Begleiterin als »First Lady von Kuba«.

Während der Reise entdeckte sie, daß sie schwanger war. Fidel sei begeistert gewesen, als er davon erfuhr. Es gibt allerdings keinen Beweis, daß sie jemals entbunden hat. Sie selbst hatte nach ihrer Rückkehr in die USA FBI-Beamten gegenüber gesagt, sie habe abgetrieben. Man habe sie dazu gezwungen, und das habe sie Fidel nicht verziehen. Jahre später erzählt sie eine andere Version; Fidel habe ihr versichert, daß die Abtreibung ohne sein Wissen vorgenommen worden sei, und er habe den Arzt dafür hinrichten lassen. Heute ist wieder alles anders: heute sagt sie, daß sie den Sohn geboren hat.

Neben dem Smoking des Vaters hängt ihre Leutnants-Uniform, die sie während ihres siebenmonatigen Aufenthalts auf der Insel trug und dann noch einmal, als sie im Auftrag der CIA Castro vergiften sollte. Wie sie zu diesem Mordauftrag kam, kann sie so ganz plausibel nicht erklären. Sie spricht von Medikamenten, mit denen sie von den CIA-Leuten vollgepumpt worden sei. Man habe sie einer regelrechten Gehirnwäsche unterzogen und mit vielen Lügen ihren Haß auf Fidel geschürt. Ihre Mutter war daran wohl in besonderer Weise beteiligt: Immerhin ließ sie einen Bericht in einer Illustrierten veröffentlichen, demzufolge ihre Tochter von Castro mehrmals vergewaltigt worden sei. Das sei zwar völlig falsch gewesen, aber damit ließ sich prächtig Stimmung gegen Castro machen. Wer das nicht kapiert und Genaueres wissen möchte, dem erklärt Marita mit Unschuldsmiene, ihre Mutter habe fast ihr ganzes Leben für die CIA gearbeitet.

Militante Anti-Castro-Kämpfer bildeten Marita Lorenz in Miami einige Monate lang zu einer Guerillakämpferin aus und planten mit ihr das Attentat auf Castro. »Schließlich war ich damals die einzige, die problemlos an ihn herankommen konnte.« Der Plan sah vor, daß sie ihm Giftpillen ins Glas kippen sollte, die ihn innerhalb von dreißig Sekunden sterben lassen würden.

Die Todespillen hatte man ihr in eine versteckte Hosentasche eingenäht. Im Flugzeug hatte sie allerdings Angst bekommen, die Kubaner würden sie an der Grenze entdecken. Deshalb hat sie auf der Toilette die Pillen in ihre Cremeschachtel gedrückt. Ein Fehler, denn in der Creme haben sie sich fast aufgelöst. Den Rest kippte sie in Fidels Suite im Habana Libre in die Toilette, noch bevor er das Zimmer betreten hatte.

»Warum bist du abgehauen?« fragte er sie, als er schließlich kam. Er war müde und wollte schlafen.

»Bist du gekommen, um mich zu töten?« Marita antwortete: »Ja, ich wollte dich sehen.« »Arbeitest du für die CIA?« »Eigentlich mehr für mich selbst.« Da reichte Fidel ihr seine Pistole. »Los. Schieß!« Und nach einer Weile fügte er hinzu: »Du kannst mich nicht töten. Niemand kann mich töten.«

Mehrmals während ihrer Karriere als Spionin, sagt Marita Lorenz, sei auch sie mit einer Waffe bedroht worden. Und um dem Gesagten Nachdruck zu verleihen, läuft sie zum Schreibtisch und holt eine kleine Pistole, Kaliber 22. Sie fuchtelt ein bißchen damit herum, nimmt fünf Kugeln aus dem Magazin. »Seine Kugeln!« sagt sie bedeutungsvoll. »Er hat sie mir dagelassen.« Er? »Ja, der Mann, der den Auftrag hatte, mich umzubringen.« Es war 1979, kurz bevor sie das erste Mal aussagen sollte im Gerichtsverfahren gegen CIA-Agent Howard Hunt. Sie habe einen Mann entdeckt, der ihr seit Tagen gefolgt war. »Ich wußte, ich habe drei Wochen Zeit, dann wird er mich umbringen. Nach drei Wochen hab ich ihn angesprochen: ›Du mußt das nicht tun‹, hab ich ihm gesagt und ihn nach Hause eingeladen.« Dann saß sie ihm 24 Stunden lang gegenüber, bis er sein Vorhaben aufgegeben hatte. Behauptet sie wenigstens.

Dreimal, sagt sie, sei sie seit 1981 auf Kuba gewesen. Und jedesmal habe sie Fidel Castro getroffen und bei ihm gewohnt. 1992 waren es zwei Wochen. Die Journalistin Ann Louise Bardach schreibt, sie habe die Visa in Maritas Paß gesehen. Allerdings nennt Bardach auch einen Zeugen, der kurze Zeit nach Marita in Kuba war. Regierungsbeamte hätten ihm den Besuch bestätigt, aber nicht das Treffen mit Fidel. »Schauen Sie, wir kennen alle Kinder von Fidel. Und wir kennen die Mütter dieser Kinder. Marita ist nicht darunter.« Marita will von dieser Aussage nichts wissen.

Aber kann sie ihre Behauptung belegen? Hat sie Fotos davon? Sicher, sagt sie, nur leider seien die nicht hier in dem Haus. Ähnlich ist es mit dem Sohn, den sie angeblich von Castro hat. Er sei 33 Jahre alt und arbeite als Arzt. Einmal habe sie ihn in Nicaragua besucht. Da habe sie auch fotografiert. Schön, sagen wir, wo sind die Bilder? Marita grabscht eine Weile in ihrer Kiste, dann hält sie ein Bild hoch. »Hier!« Zu sehen sind aber nur einige Einheimische und ihre Tochter Monika. Ach, die meisten Bilder seien wohl bei Fidel, meint sie. Und Fidel erlaube nicht, daß sie ihren Sohn, so es ihn denn gibt, mit in die USA nehme. »Er wollte auch nicht, daß ich mein Buch publiziere.« sagt sie. Aber jetzt sei er nicht mehr böse. »Er schreibt selbst an einem Buch.« Und er habe sie gebeten, für sein Buch in New York einen amerikanischen Verleger zu finden. Fidel wolle dafür zehn Millionen Dollar Honorar, aber die Formalitäten seien schwierig, wegen des Wirtschaftsembargos. Wann soll es erscheinen? »Weiß ich nicht«, sagt sie. »Ich kann ja nicht einfach zur kubanischen Vertretung gehen. Da ist jetzt zuviel los, zuviel FBI.«

Sie sei dort regelmäßiger Gast, weil sie von dort Botschaften an Fidel und an ihren Sohn schicke, manchmal auch Medikamente und Jeans. Alle wichtigen Briefe, auch das einzige Foto ihres Sohnes, das niemand je gesehen hat: Alles, sagt sie, werde in der kubanischen Botschaft aufbewahrt. Wohl um Nachfragen vorzubeugen, meint sie, das würden die Kubaner aber nicht bestätigen.

Sie spricht von ihrem nächsten Besuch auf Kuba, dann davon, daß sie hier in Baltimore das Haus gegenüber kaufen will. Zehn Minuten später will sie nach Guantanamo, um kubanischen Flüchtlingen zu helfen, irgendwann will sie zurück nach Deutschland und dort nichts anderes tun, als in einem kleinen Garten Unkraut jäten »und Pfannkuchen backen.« Beim Abschied hat sie diesen Traum schon wieder vergessen und sagt: »Vielleicht sehen wir uns wieder bei Fidel in Havanna.«

Die Geschichte des Negativs Nr. 40

Fidel Castros Leibfotograf und sein berühmtestes Bild

Als Alberto Diaz einmal nach Venedig reiste, entdeckte er in einem Souvenirladen eine rote Fahne, deren schwarzer Aufdruck ihm sehr bekannt vorkam. Es war jenes Porträt des argentinischen Freiheitskämpfers Ernesto Che Guevara, das seit den sechziger Jahren weltweit als Ausdruck revolutionärer Gesinnung gilt. Ob bei Demonstrationen der außerparlamentarischen Opposition gegen Axel Springer in Berlin oder gegen den Vietnam-Krieg in San Francisco, ob in London, Buenos Aires oder Peking – immer war Che mit dabei. Rudi Dutschke bewunderte den Gewalt predigenden Märtyrer Che Guevara mehr noch als den zur Gewaltlosigkeit aufrufenden Martin Luther King und taufte gar seinen Sohn nach ihm Hosea Che Dutschke.

Diaz zahlte zwanzig Dollar für die rote Fahne. Die Geschichte des Fotos verschwieg er schamvoll, obwohl er sie kennt wie kein anderer. Er hat es selbst gemacht. »Mein Italienisch ist nicht sehr gut. Der Verkäufer hätte sicher gedacht, ich sei verrückt.« Mit anderen Worten: Wer kennt schon Alberto Diaz Gutierrez?

Nicht einmal in seiner Straße in Havanna scheint man zu wissen, wer er ist. Calle 0, in Miramar direkt am Meer, hat man uns gesagt. Diaz Gutierrez? Spielende Kinder und Anwohner zucken die Schultern, so heißt hier jeder zweite. Wir versuchen es mit seinem Künstlernamen. Korda? »Ah, der Fotograf? Der wohnt dort drüben, im Erdgeschoß.«

Wir klingeln. Alberto Diaz öffnet. Er hat geschlafen, steht da mit nacktem Oberkörper und zerzaustem Haar. Die Haut des 65jährigen ist sonnengegerbt; könnte man in den Gesichtszügen lesen, dann wäre es ein dicker Roman. Was jetzt kommt, hat er tausendmal erlebt: die Frage nach seiner Geschichte, nach der Geschichte eines der bekanntesten Fotos der Welt. Denn zwei Dinge haben den Mythos des Dr. med. Ernesto Guevara bis heute entscheidend geprägt: seine Lieblingsfloskel »Che« – eine Interjektion, die soviel wie »Mensch« oder »Du« oder »He« bedeutet –, und eben das Porträt von Korda: Che mit Kunstlederjacke und dem roten Stern auf der Baskenmütze, das Gesicht umweht von langem Haar. Daß Che soviel Sympathien erhielt, daß sein Name verbunden wird mit Eigenschaften wie politischem Weitblick und Stolz, Mut und Entschlossenheit zur Revolution, das liegt wohl auch und gerade an diesem Foto.

Die rote Fahne hat einen Ehrenplatz in Alberto Diaz' Wohnung. Sie hängt im Flur, zwischen Wohnzimmer und Studio, und gleich daneben, gerahmt, der Original-Abzug aus dem Jahre 1960. Korda freut sich, daß gar Kfz-Kennzeichen der US-Imperialisten mit seinem Che-Porträt geschmückt sind, und erzählt von einem Laden im kapitalistischen Hongkong, in dem alle möglichen Gegenstände mit Che-Bild verkauft werden: T-Shirts, Feuerzeuge, Tassen, Teller, Schlüsselanhänger. In den meisten Filialen der Banco Nacional de Cuba hängt das Bild an der Wand, immerhin war Che mal deren Präsident gewesen. Eigentlich hatte er Geld als überflüssige kapitalistische Errungenschaft abschaffen wollen, doch seit einigen Jahren schmückt sein Porträt auch den rosaroten Drei-Pesos-Schein. Wert ist die Note nichts mehr; insofern ist Ches Wille Wirklichkeit geworden.

Aber auch in den meisten Regionalbüros der kommunistischen Partei hängt das Bild des Revolutionärs neben dem des Nationalhelden José Marti. Beide werden fast kultisch verehrt auf Kuba; Staatschef Castro hat dagegen jeden Rummel um seine

Person verboten. Ehre gilt den Toten. Die können Castros Macht nicht gefährlich werden. Der Berufsrevolutionär Che Guevara, lange Zeit der zweite Mann im Staate, wird auf Kuba nach wie vor verehrt, während Castros Ruhm arg gelitten hat. »Seremos como el Che«, skandieren die jungen Pioniere, »wir werden sein wie Che«. Die größte Nickelfabrik in Moa, im Südosten, trägt seinen Namen, in Santa Clara wurde 1987 ein riesiges Denkmal eingeweiht, und in Havanna bewahrt seine Witwe Aleida March den Nachlaß in seiner Wohnung. Ches publizistisches Gesamtwerk ist längst vergriffen, eine neue Biographie über den Wirtschaftspolitiker Guevara konnte wegen Papiermangels bislang nicht erscheinen.

Wer war dieser Argentinier eigentlich? Medizin hatte er studiert, war viel gereist, hatte Castro im mexikanischen Exil getroffen und kämpfte an dessen Seite jahrelang gegen Kubas Diktator Batista im Untergrund. Nach dem Sieg der Revolution 1959 reformierte er die Wirtschaft, verstaatlichte Industrie und Bankensystem und baute eine zentral gelenkte Planwirtschaft auf. Daß er damals schon den Grundstein legte für die Wirtschaftskrise, das sieht heute niemand. Nach dem Scheitern seiner Wirtschaftspolitik gab er 1965 sämtliche Funktionen ab, und begründete dies in einem Abschiedsbrief an Castro damit, daß »andere Völker nach meinen bescheidenen Bemühungen verlangen«. In Bolivien wollte er wiederholen, was er in Kuba so erfolgreich gestartet hatte: eine Revolution des Volkes.

Korda läuft ins Wohnzimmer, holt aus einem Schrank einen chilenischen Fernsehfilm mit dem Titel »Ein Bild geht um die Welt«. In allen Sprachen skandieren Jugendliche und Studenten Protestrufe bei Demonstrationen. Korda läßt sich tragen von dieser Stimmung, während der Videovorführung erzählt er leidenschaftlich, springt vor das TV-Gerät, schlägt eine flache Hand in die andere. »Dieses Bild ist eine Art Waffe geworden. Bei Demonstrationen wurde damit gekämpft und geschlagen.« Aber nicht nur das: Sein Bild habe auch großen Einfluß auf die bildende Kunst in der Welt gehabt. »Normalerweise ahmen ja Fotografen die Maler nach, hier war es umgekehrt.«

Bis ins Jahr 1991 hatte die kubanische Regierung das Andenken an Che, den früheren Weggefährten Fidel Castros und späteren Wirtschaftsminister, in Havanna am Platz der Revolution wachgehalten. Auf einer ganzen Häuserfront war das Bildnis Jahr für Jahr neu aufgemalt worden. Doch da kein Geld mehr da war für neue Farbe, verschwand Che. Vor einiger Zeit schließlich wurden Ches Gesichtszüge mittels dunkler Eisenstäbe dauerhaft erneuert.

Korda nahm es mit Genugtuung zur Kenntnis, hat er Ches Andenken doch all die Jahre über sorgsam aufbewahrt. Er geht ins Studio, zieht aus einem Umschlag Negative samt Kontaktabzügen und erzählt die Geschichte des Fotos Nummer 40: Am 5. März 1960 war der französische Munitionsdampfer »La Coubre« aus Belgien in den Hafen von Havanna eingelaufen. Als Hafenarbeiter die Ladung löschten, gab es einen großen Knall, eine Explosion, und 136 Menschen starben. »Agenten hatten eine Zeitbombe im Schiff untergebracht«, sagt Korda. Am Tag danach war eine Tribüne aufgebaut, an der 23. Straße, die La Rampa heißt, weil sie wie eine Rampe vom Meer Richtung Geschäftszentrum hochführt. Nicht weit vom Eingang des Friedhofs war eine riesige Kubanische Flagge mit schwarzem Band angebracht. 136 Särge waren aufgereiht vor dem Friedhof. Ganz Havanna schien auf den Beinen zu sein, als Fidel zu reden begann. Wie immer hat er den Imperialismus der USA angeprangert, doch die Rede gilt als historisch, denn erstmals gab Castro die später so oft wiederholte Parole aus: »Patria o Muerte – Vaterland oder Tod«. Neben Castro saßen Jean-Paul Sartre und dessen Frau Simone de Beauvoir auf dem Podium, die gerade zu Gast waren auf Kuba. Che stand nicht auf der Tribüne, sondern füllte dahinter eine der Lücken.

Korda war als Fotoreporter der Zeitung *Revolución* dabei, einer Vorläuferin der heutigen Regierungszeitung *Granma.* Acht bis zehn Meter vor der Tribüne stand er und lichtete mit seiner 90-mm-Leica alle Ehrengäste der Reihe nach ab. »Klick, klick, klick«, sagt er, während er mit beiden Händen in Augenhöhe rumfuchtelt, als halte er darin eine Kamera. Bei jedem Klick schwenkt er seinen Kopf ruckartig ein paar Zentimeter weiter, dreht sich um die eigene Achse und schildert den berühmten Augenblick am 6. März 1960. »Che habe ich zweimal geknipst – Hoch- und Querformat.«

Er hält die Negative gegen das Licht: Nummer 39 zeigt hinter Ches Schulter noch ein Gesicht, rechts einen Palmwedel; bei Nummer 40 ist links ein Teil eines Seitenprofils erkennbar, das er in der Dunkelkammer abgedeckt habe. Daß er soeben eines der berühmtesten Bilder der Weltgeschichte geschossen hatte, ahnte Korda nicht. Und veröffentlicht wurde das Bild erst acht Jahre später, nach dem Tod von Che, der sein Gesicht, so wie es sich Millionen eingeprägt haben, selbst nie gesehen hat.

Im Labor sei ihm das Bild sofort aufgefallen, erinnert sich Korda. Er bot es dem Chefredakteur an, doch der wollte Castro auf der Titelseite haben. Also hat Korda nur für sich selbst einen Abzug gemacht und ins Atelier gehängt. Einige Freunde haben das Bild gesehen; über sie muß wohl jener Italiener davon erfahren haben, der 1965 mit einer kurzen Notiz zu Korda gekommen war: »Korda, das ist ein guter Freund, und er sucht ein Foto von Che«, stand darauf. »Ich habe ihn reingelassen, er sah das Foto und wollte zwei Kopien. Am nächsten Tag holte er sie und fragte nach dem Preis. Ich sagte ihm, das sei ein Geschenk.« So hatte sich Korda auch noch selbst um das Honorar gebracht. Während der Italiener, ein gewiefter Verleger aus Mailand, mit der Kopie nach Ches Tod allein in Italien in sechs Monaten eine Million Poster für jeweils fünf Dollar verkauft hat, ist Korda bis heute leer ausgegangen.

Später habe er erfahren, daß der Verleger in Bolivien gewesen sei, bevor er nach Kuba kam, dort habe er von Ches Kampf gehört und wohl geahnt, daß der Revolutionär dort sterben würde. Korda ist sicher, der Verleger habe damals den Erfolg geahnt. Er habe gewußt, daß Che zum Mythos werden würde.

Hungern mußte Korda freilich nie – auch vor der Revolution hatte er unter Präsident Batista ein gutgehendes Atelier gegenüber dem Capri-Hotel und einen guten Namen unter Modefotografen. Vorbilder waren Fotografen wie Cartier-Bresson und Richard Avedon, nicht Reporter wie Robert Capa. Heute ist er zu diesen Wurzeln zurückgekehrt. Eine Fotoreportage über Kuba von heute? Nein, das würde ihn nicht reizen. »Wenn man älter wird, wird man müder«, sagt er. »Ich hätte Angst, daß das Land nicht richtig verstanden wird.« Er sucht Distanz, macht Werbung. »So habe ich begonnen«, sagt er.

»Ich bin Fotograf geworden, weil ich die Frauen liebe und wie sie sich kleiden.« Er zeigt Fotos von seiner Frau am Strand, zieht eine Mappe mit ein paar Schwarzweißfotos hervor, in die Wasser reingesickert ist: das Papier ist vergilbt, auf den Abzügen klebt Fliegendreck.

Nach der Revolution war Kuba sehr interessant für die Augen. Korda hielt es nicht im Studio, »also bin ich nach draußen, bin ein Freiwilliger geworden. Fidel hat mich zum Leibfotografen gemacht. Er hat eine eigene Abteilung geschaffen, und ich mußte Uniform tragen.« Korda geht nach hinten ins Studio, holt Bilder von Fidels Reise ins Land des Erzfeindes: Fidel Castro beim Spaziergang im New Yorker Central Park. Und beim Schilaufen mit Nikita Chrustschow. Korda hat ihn bei einem Sturz geknipst. In den Jahren von 1959 bis 1969 habe ihm Fidel nie gesagt, er dürfe ein bestimmtes Bild nicht veröffentlichen. »Experten sagen, ich hätte mit das Verdienst, daß das Bild vom gewalttätigen Fidel entmystifiziert wurde.« Warum? »Ich habe ihn gern mit offenem Hemd aufgenommen, wenn er gelacht hat, wenn er am Boden saß. Seine Posen auf der Bühne habe ich vermieden. Meine Bilder sind sicher die menschlichsten von Fidel. Mein Geheimnis ist, daß ich nur natürliches Licht verwende, keinen Blitz.« Heute dagegen habe Castro zwei Hof-Fotografen, die immerzu hartes Blitzlicht benutzten.

Warum ziehen sich Revolutionäre wie Korda heute zurück? Vielleicht, weil die Errungenschaften der Revolution – Bildung, günstiges Wohnen und Arbeit für alle, soziale Sicherheit, freie Gesundheitsfürsorge und Lebensmittelversorgung – längst bedroht sind. Seit Wochen gibt es keine Benzingutscheine mehr; deshalb wolle er nun ein Fahrrad kaufen. Wie so viele, bietet auch er ein Appartement gegen Dollars an.

Einzig in jüngster Zeit durch Ausstellungen in Museen in San Francisco und Paris hat er mit einigen Originalabzügen etwas verdient. Neulich habe er in zehn Tagen acht davon für jeweils vierhundert Dollar verkauft. Ein später Lohn. Denn seit den sechziger Jahren hatte er am Foto allenfalls hundert Dollar verdient. Den millionenfachen Nachdruck hat ihm niemand honoriert: offensichtlich erwartete man keine Geldforderungen von einem Kommunisten. Und daß die Kapitalisten so geizig waren, scheint ihn nicht zu grämen. Korda berichtet davon eher amüsiert. Ihm geht es um Anerkennung und Ruhm, nicht ums Geld. Er habe nur noch den einen Wunsch, sagt er, den toten Fidel zu fotografieren.

Beim Salsa wird nicht geschwitzt

Von dem Wunsch, kubanische Lockerheit tanzend zu erlernen

Staunenden Auges blickt Evelyna auf die Füße von Thorsten, die in kantigen Halbschuhen stecken und sich in ungelenken Trippelschritten bewegen, Pinocchios ersten Schritten gleich. Thorstens Zunge steckt verspannt im rechten Mundwinkel, die Finger sind gespreizt, Schweiß rinnt ihm vom Kinn in den Hals. »Tranquilo, du Stückchen Holz«, sagt Evelyna zu Thorsten. Dabei wirft die Kubanerin lachend ihre Hüften vor und zurück. »Warte mal«, hält sie Thorsten schließlich an. »Es geht noch gar nicht ums Tanzen.« Daß es ums Tanzen allein nicht geht, hat der 38jährige Thorsten auch kapiert. Seit drei Tagen stolpert er über den staubigen Zementfußboden in einer Tanzschule in Havanna, und seine Ohren fangen noch nicht einmal die Rhythmen der Salsa-Musik ein. Bisher war er angestrengt damit beschäftigt, »den blöden Stock, der bei mir eingebaut scheint, loszuwerden.«

Für seine kubanische Tanzpartnerin Evelyna ist es unfaßbar, wie dieser blonde Mann erwachsen werden konnte, ohne je getanzt zu haben. »Wie feiert ihr denn, wenn ihr nicht tanzt?«, fragt sie, und Thorsten legt statt einer gestotterten Antwort erneut mit den Beinen los, diesmal zu Marc Anthonys Lied »No Me Ames«. »Klack, klack, klack, y klack, klack, klack«, schnalzt Evelyna also geduldig mit der Zunge den Rhythmus der Schlaghölzer im Liedhintergrund mit. Eineinhalb Wochen soll das noch so gehen. Dann wird Thorsten, da ist er sich schon nach dem dritten Tag sicher, mit dem Gefühl nach Hamburg zurückfahren, daß er ein klein bißchen Lockerheit abgeguckt hat von den Kubanern, und über die mageren Fortschritte tröstet er sich mit dem Gedanken, daß wer in Kuba schlecht Salsa tanzt, in Deutschland damit gar nicht so übel aussehen muß. Als Thorsten nicht zuhört, sagt Evelyna allerdings, das mit dem Salsa-Üben ginge kaum, denn »den Salsa lernt man nicht. Den sieht man, spürt und tanzt ihn. Schau, schon beim Stillen wiegt in Kuba die Mutter das Baby im Salsa-Rhythmus.«

Alexy ist schwarz, spindeldürr und ihm fehlt jeweils unten und oben ein Schneidezahn. Er trägt einen Spitznamen, der im Süddeutschen mit »Stekkerlfisch« übersetzt werden könnte, und trotz seiner Magerheit und des Seeräubergesichts ist er eine männliche Sexbombe. Alexy ist der Vortänzer in der Tanzschule. Er paßt ziemlich gut in den zerrissenen Tanzsaal. Es fehlt dem Raum eine Wand, der Fußboden fällt schnurstracks ins Grün eines Gartens. Ein paar Bauarbeiter dösen im Sitzen auf umgedrehten Farbkübeln und grauen Ziegelsteinen. Alexy dreht und wirbelt sich und sieht doch alles, was seine Schüler falsch machen. »Thorsten«, mahnt er, die Vokale weit dehnend, »un, dos, tres«. Das ruft er immer wieder, obwohl Thorsten den Takt noch kein einziges Mal gefunden hat. »Un, dos, tres«, flüstert der schwitzende Thorsten auf seine Füße schauend nach, »un, dos, tres«, und »Klack, klack, klack« begleitet ihn Evelyna. Die fünf anderen Schüler und Schülerinnen aus Österreich und Deutschland machen im Tanzsaal eine bessere Figur, sind aber auch schon seit fast zwei Wochen hier.

Der Tanzladen gehört Karuka, einer schmalen Mulattin mit einer Vorliebe für schmutzige Witze. Karuka war einmal eine berühmte Salsa-Tänzerin, danach hatte sie zusammen mit ihrem Mann, der ebenfalls Tänzer war, eine wöchentliche Fitneß-Show im kubanischen Fernsehen. Karukas Mann starb vor fünf Jahren an Krebs. Seitdem betreibt Karuka die Tanzschule. Der Unterricht findet im Gemeindezentrum eines finsteren Stadtteils von Havanna statt, einen Steinwurf weg vom Hauptbahnhof, wo sich Touristen im Zickzacklauf bewegen, um den Klein- und Kleinstganoven und ihren Zigarren- und *paladar*-Angeboten zu entwischen. Weil die Menschen in Havanna kein Geld für ein Taxi haben, und Karuka, die das Geld dafür hätte, es keinesfalls ausgeben möchte, und die öffentlichen Busse stets aussehen, als ginge wirklich niemand mehr rein, ohne daß andere Fahrgäste hinten wieder herausstürzten, rekrutiert Karuka die Tanzpartner für ihre Touristen aus diesem Stadtteil. Die Mädchen und Jungen bekommen von Karuka zwei Dollar am Tag.

Die Touristen aus Europa zahlen für den Kurs einhundertfünfzig Dollar die Woche. Den Haifischanteil steckt der deutschstämmige Veranstalter ein, ein stets gutgelaunter ehemaliger Seemann und Perückenvertreter, der in einem klimatisierten Büro in der Nähe des Hafens sitzt und neben Zigarren- und Tanzreisen in Kuba auch Autos verkauft. Karuka kassiert von dem Betrag fünfzig Dollar. Sie stöhnt über die hohe Miete, zehn Dollar am Tag, fehlende Wand hin oder her, die sie der Stadt für die Benutzung der Halle zahlen muß. Für Thorsten und die anderen Tanzschüler heißt Karukas Tanzschule, einen Einblick in ein wahrhaftes Kuba zu bekommen, fern von Touristenhotels und der renovierten Altstadt.

»Komm doch mal vorbei auf einen Rum«, lädt Alexy Thorsten am dritten Tag des Tanzkurses ein. »Wie wär's gleich mit heute abend«. Mit einer Flasche Rum im Gepäck, wird Thorsten auf der Straße vor der genannten Adresse begrüßt. Alexy und Evelyna, die ein Paar sind und eine gemeinsame drei Monate alte Tochter haben, wohnen in einem *solar,* einem Hinterhof mit 30 winzigen Zimmern, die jeweils von mehreren Personen bewohnt werden. Die Kochstelle auf dem Hof funktioniert mit Benzin, und eine Toilette hinter einem Bretterverschlag dient allen Bewohnern. Alexy führt durch seine Welt. Er schlägt vor, daß sie ein Abendessen kochen, und fragt Thorsten nach zehn Dollar, womit er ein Huhn und Frittieröl kaufen geht.

Der kleine Kassettenrecorder, den Thorsten aus Karukas Tanzschule kennt, spielt Salsa-Musik. Kinder und alte Leute tanzen und lachen, und als der Rum alle ist, gibt Thorsten irgend jemandem nochmals zwei Dollar, womit Selbstgebrannter gekauft wird, der im Hals brennt und nach Benzin riecht. Es beginnt in Strömen zu regnen, das Wasser sammelt sich in der Mitte des *solars* zu einem Bächlein. Über dem engen, nach oben offenen Gang zwischen den Zimmern befestigt Alexy eine Plane. Der niedergehende Regen auf dem Plastik und die Salsa-Musik vereinen sich zu einer neuen Melodie.

Thorsten tanzt mit Evelyna, immer noch ohne den Rhythmus des Salsa zu hören. »Kennst du Ulm«, fragt sie plötzlich. Ohne eine Antwort abzuwarten, schubst sie Thorsten in das kleine Schlafzimmer, das sie mit Alexy teilt, der mit dem Huhn beschäftigt ist. Aus einer Schublade zieht sie einen Stapel Papiere. Im Zimmer läuft ein Fernseher, dessen Programme sich nur unter Zuhilfenahme einer Zange einstellen lassen, wie Alexy mit seltsamem Stolz Thorsten bei seiner Führung durch den *solar* vorgeführt hat. Evelyna zieht aus dem Stapel eine offizielle Einladung nach Ulm, ausgestellt vom dortigen Landratsamt. Das Papier sagt Evelyna einen dreimonatigen Aufenthalt zu. Der Einladende ist ein ehemaliger Tanzschüler, ein deutscher Ingenieur mit Doktortitel. Ein Foto zwischen den Papieren zeigt die beiden küssend. Die anderen Fotos zeigen den Mittvierziger, wie er auf dem Fußboden seines Ulmer Wohnzimmers kniet. Hinter ihm strotzt eine monströse Musikanlage, die von einem kompliziert aussehendem Halogen-Konstrukt beleuchtet wird.

Auf einem anderen Foto sitzt der Mann in seinem Mercedes-Kabriolett, rote Ledersitze und weiße Armaturen. Ein letztes Foto zeigt ihn in Kuba auf einem Sofa mit betrunkenem Blick zwischen Alexy und Evelyna sitzend, die er beide in seinen Armen hält. »Und Alexy?« fragt Thorsten.

Alexy habe nichts dagegen, wenn sie nach Deutschland gehe für die drei Monate, sagt Evelyna. Übrigens war sie schon einmal in Deutschland, und zwar in Berlin, das war vor vier Jahren. Doch der Mann, der sie damals eingeladen hatte, war so grob, daß sie sich nach sechs Wochen in die kubanische Botschaft flüchtete, von wo aus der umgehende Rückflug nach Havanna organisiert wurde. Und sie würde von dieser Möglichkeit erneut Gebrauch machen, falls der Mann aus Ulm nicht hält, was er verspricht. Der Typ von damals sei nicht nur grob, sondern auch ungeheuer geizig gewesen, erinnert sich Evelyna. Alexy wird sich übrigens in der Zeit, in der Evelyna in Ulm ist, um das gemeinsame Kind kümmern, und auch die andere Tochter Evelynas aus einer frühen Ehe wird Alexy in der Zeit aufnehmen.

Evelynas Bruder, ein weißer Kubaner mit langem Haar und weichem Gesicht, der in dem Zimmer über dem von Alexy und Evelyna wohnt, tritt in den Raum, wo Evelyna und Thorsten sich unterhalten. Eine Weile hört er schweigend zu. Er bemerkt das Unverständnis bei Thorsten, das dem Unverständnis Evelynas darüber ähnelt, daß ein erwachsener Mensch nicht tanzen kann. Dann sagt Evelynas Bruder zu Thorsten: »Wenn du nicht verstehst, daß sie nach Deutschland geht, verstehst du Kuba nicht.« Er deutet auf die kaputten Gegenstände, die Winzigkeit der Wohnung, verweist auf die eine Toilette. Er wiederholt die Führung, die auch schon Alexy gegeben hatte, und Thorsten fällt dabei wieder ein gewisser Stolz auf, und der hat womöglich damit zu tun, daß trotzdem eine Party gefeiert wird – trotzdem.

Und nach seinen zwei Wochen Urlaub wird er sagen, daß man in Kuba die Wahl hat zwischen angepaßten Funktionären und Kleinkriminellen. Er weiß, daß er die hundert Dollar, die er Alexy geliehen hat, nicht wiedersehen wird. In einem Reisebuch habe er gelesen, daß die Beziehungen in Kuba, sei es zwischen Kubanern oder zwischen Kubanern und Nichtkubanern, oft nur praktischen Nutzen haben. Alexy, denkt er. Er scheint nichts dagegen zu haben, daß Evelyna demnächst im Mercedes des Deutschen sitzen wird. Thorsten will die gute Laune mit der Musik, dem Rum und dem auf die Plane herabgehenden Regen plötzlich nicht mehr glauben.

Vor einem Jahr hatte Alexy eine Affäre mit einer Tanzschülerin aus Deutschland. Auch sie nahm er mit zu sich nach Hause, zeigte ihr die Kochstelle, das Klo, den Fernseher, der nur mit einer Zange funktioniert, Evelyna war gerade schwanger. Was denn eine vernünftige Wohnung koste, fragte die Frau aus Berlin, nachdem Alexy mit ihr geschlafen hatte. Für eintausendfünfhundert Dollar würde er was Gutes finden, antwortete er.

Sie schickte ihm den Betrag ein paar Wochen später. Für Alexy war es ein happiges Taschengeld. Er lud seine Freunde und Nachbarn ein Wochenende lang ein. Das war ein schönes Fest am Strand von Havanna, erinnern sich Alexy und Evelyna. Daß sie in der Woche darauf wieder nur Reis und Bohnen essen konnten, störte sie nicht. Thorsten muß lachen über die Geschichte. Dann, am Flughafen in Hamburg, ist alles wieder beim alten.

Mehr Musiker als Musik

Die staatsnahen Klänge eines altehrwürdigen Buena Vista Social Club oder
Was geschähe, würde in Kuba die moderne Musik verboten werden

Ins El Tropical? *Loco,* Spinner, nicht einmal für die eingefleischtesten unter den *extranjeros cubanisados,* den kubanisierten Ausländern, wäre das eine Empfehlung, sagt mein Vermieter. Bei den Konzerten im Club El Tropical in Havannas Vorstadt schwingen die Kubaner zu *ihrer* Musik. Wie ein im Wind lehnendes Weizenfeld muß sich der Menschenpulk, vom Himmel betrachtet, ausmachen. Körper an Körper und mit in die Luft gereckten Armen, beugt sich die Masse auf der Fläche eines halben Fußballfeldes nach der unsichtbaren Kraft der Musik.

Die Mädchen sind im El Tropical weniger schön, die Männer nicht dazu aufgelegt, Geschäfte zu machen. Der Musik wegen sind sie gekommen. Als nach einer Vorgruppe gegen Mitternacht die Band Charanga Habanera die Bühne betritt, zwölf Männer in Phantasieuniformen aus sanftem Tommy-Hilfinger-Rap, Hip-Hop und Afrika, geht ein Sturm durchs Weizenfeld. Das Bier fließt aus kartonpapiernen Bechern, mitgebrachter Rum stürzt aus Plastikbehältern direkt in die Kehlen, und bald wedeln Männer bei den Absperrungen ihren ohnmächtigen Mädchen schwüle Luft zu.

Der neunzehnjährige Michel M. Marquez, Sänger der Charanga Habanera, kreist die Hüfte, daß die Staatssicherheit nicht mehr weiß, wo sie hinsehen soll. »Oye, hör mal, die Zeiten ändern sich, laßt uns mal den Frieden ausprobieren, ihr werdet schon sehen. Ich hab bereits Freunde in Miami …«, singt

Michel Marquez, und »… hey du Mango, wir haben dich alle geliebt, als du noch grün und frisch warst. Jetzt bist du alt und gelb, glaubst du nicht, es ist Zeit, langsam vom Baum zu fallen?« Die Menge jubelt und jubiliert, trotz der Enge, ein Glücksgefühl von Freiheit befindet sich im rauschenden Anflug.

Da greift jemand in die Hosentasche des Reporters. Die zwanzig, dreißig nahen Gesichter im Menschenmeer schauen auf die Bühne. Eine Mauer aus einem Guß. In der Enge kriegt der Reporter die Arme nicht herunter und so die fremde Hand nicht zu fassen. Sie gleitet hinaus, gemeinsam mit dem Geldbeutel.

Charanga Habanera ist die heißeste Tanzgruppe auf der Insel in ihrem 41. Revolutionsjahr. Charangas Musik nennt sich »Timba« und ist eine Kombination aus Jazz und Rumba, vermischt mit Reggae, Funk und Hip-Hop. Sie basiert zwar auf dem sanften Son und seinem Schleier von Sinnlichkeit, ist aber schneller, afrikanischer, phantasievoller. Sie ist kubanische Identität: lebensfroh, einfach, trotzdem unberechenbar – und ganz Macho-Attitüde. Sie ist die Marschmusik der jungen Leute einer Gesellschaft, die einst singen sollte von der Brüderschaft der lateinamerikanischen Staaten und davon, daß alle Menschen sein würden wie der ewige Revolutionsheld Che Guevara. »Nach der Revolution wollte man den Kubanern den Son nehmen und austauschen mit dem Trova nueva im Stil der sechziger Jahre, mit Liebeserklärungen an die Revolution und Tiraden gegen die yanquis und ihren Imperialismus«, sagt der Gründer der Habanera Charanga, der 44jährige David Calzado. »Der Trova war der Dialekt der Intellektuellen.«

Und heute? Superhits über Frauen, die ausgehalten werden wollen und das Leben für sein üppiges Warenangebot lieben. Bands wie Charanga Habanera, Los Van Van, Sänger wie Paulito FG oder Manolin, el Medico de la Salsa, der Doktor des Salsa, sprechen die Sprache der einfachen Leute in den Straßen. Zum Beispiel dann, wenn Charanga Habanera den jungen Frauen in Kuba empfiehlt, sich einen Sugar Daddy anzuschaffen, »damit du etwas hast, damit dir das Leben Spaß macht. A papirriqui con wanikiki.« Einen Sugardaddy mit Zaster. »Wir haben den Namen des Geldes in Kuba geändert«, lacht David Calzado. »Wenn Kubaner Dollar meinen, sagen sie wanikiki.«

David Calzado ist nur wenig älter als die Revolution. Er fährt ein silbernes VW-Kabriolett und träumt von einem Mitsubishi mit drei eingebauten Fernsehern, die rascheln werden wie eine Papiertütenfabrik, wenn er von einem Konzert nach Hause fährt, wegen der nur zwei Staatsprogramme und ihrem frühen Sendeschluß. Calzado sagt, er liebe sein Land und verlasse es ungern, »außer zum Einkaufen«. Auf Havannas Straßen ist er so bekannt, daß ihm ins offene Auto hinein applaudiert wird, und auf die Frage, wie sein Lebensstil mit der Revolution vereinbar sei, antwortet er: »Wir müssen uns daran gewöhnen, daß manche Menschen mehr haben als andere. Gleichheit heißt nicht, daß jeder gleich viel hat, sondern daß jeder kriegt, was er verdient und wofür er arbeitet. Ich muß ganz oben bleiben. Meine Fans wollen, daß ich der Beste bin, und das bedeutet, ich muß mich am besten anziehen und das beste Auto fahren. Ich kann sie nicht enttäuschen.« Sein spanischer Produzent, erzählt er, helfe ihm beim Formen seiner neuen Weisheiten.

Kuba war immer eine musikalische Wiege. Hier wurden Son, Mambo und Cha-Cha-Cha geboren. Beny More, Arsenio Rodriguez, Perez Prado und La Lune, die verrücktgewordene Nachtclub-Königin der fünfziger Jahre, kommen von der Insel. Eine der ersten Taten nach der Revolution war, daß Fidel Castro die Tanzmusik verbieten wollte. Das Bild von

Kuba als Amerikas Partyinsel sollte ein für allemal vom Erdboden verschwinden.

»Vierzig Jahre konnten sie unseren Seelen nicht unsere afrikanische Sinnlichkeit rauben«, sagt Calzado. Das System besiegte die Musik nicht, sonst hätte die Musik das System besiegt. Und so hat sich das System arrangiert. Es gibt in Kuba etwa zwölftausend vom Staat bezahlte Musiker, die zwischen zwanzig und dreißig Genres bedienen – Klassik, Jazz, Son, Rumba, aber auch Rock und Rap. »Wir haben hier mehr Musiker als Musik«, sagt Calzado. Ein Drittel der zwölftausend Musiker spielte im letzten Jahr einmal im Ausland. Charanga Habanera verlangt zwanzigtausend Dollar für einen einwöchigen Gig auf dem Rest der Landkarte. Leute wie David Calzado sind die ersten Kubaner mit Besitz, seitdem die Revolution die Tabakplantagenbesitzer und Zuckerbarone aus dem Land jagte.

Vor 1989 konnten Musiker zwar im Ausland auftreten, wurden aber zu Hause bezahlt, als »Arbeiter der Revolution«, zuwenig zum Leben, und wer denkt in Kuba schon ans Sterben. Dann ging die Sowjetunion unter, und der Tourismus kam. 1995 wurde ein Gesetz verabschiedet, das kubanischen Bands gestattet, mit ausländischen Produzenten Verträge abzuschließen – und das Geld selbst zu kassieren. Charanga Habanera verlangte sechsstellige Summen von ihrem britischen Studio. »Das Heute muß wertvoll sein, das Morgen liegt im Dunkeln«, heißt es in einem Lied.

Als Charanga Habanera 1997 beim kommunistischen Jugend- und Studenten-Festival den Schlußakkord spielen durfte – auf Einladung des Staates –, waren die kubanischen Apparatschiks platt. Für ihren Auftritt hatten die Musiker einen Hubschrauber gemietet – für fünftausend Dollar. Und die Texte, und der Hüftschwung von Michel Marquez. Sechs Monate Auftrittsverbot. Die Band durfte im Radio nicht mehr gespielt werden. Calzado weiß, daß der Staat immer wieder mit Sanktionen drohen wird, »weil wir Freiheit darstellen.«

Im Herbst 1998 schloß die Regierung die großen Nachtclubs Havannas. »Die Tür ein bißchen öffnen und sie wieder schließen. So geht das seit langem«, sagt Calzado. Kurz davor hatte Charanga noch einen Auftritte im El Palacio de la Salsa, zwanzig Dollar die Eintrittskarte. Ältere Ausländer mit den schönsten Frauen Kubas im Arm. Die Band war nervös. Es gab neue Lieder.

Eines handelt von Schwiegermüttern, das andere von einem Mann, der gerne Parties feiert. Ein Song erzählt vom Leben einer *jinetera.* »Wenn die Nacht sich dem Malecón nähert, bereitet sich Eva auf die Arbeit vor. Blickt nach den Touristen, die suchend spazieren. Hat ein Zimmerchen, das sie sich mit ihrem Töchterlein und ihrem Freund, dem Universitätsstudenten, teilt. Hat 17 Frühlinge hinter sich und mehr Abenteuer als Tarzan. Öffne ihr deine Tür, denn draußen lacht sie das Lachen der jinetera, doch wenn sie allein ist, weint sie um ihren ahnungslosen Adam.« Keine Doppeldeutigkeiten mehr. Keine Frechheiten. Statt dessen vorsichtige Solidarität. Charanga Habanera hat kapiert. Sanktionen bedeuten weniger *wanikiki.* Langsam versuchen sie, die Tür seitdem wieder einen Spalt aufzudrücken.

Ganz darf der Staat die Musik nicht aussetzen. Die Kubaner ertragen die stundenlangen Stromausfälle, den Mangel an Essen und Benzin, auch die Kürzungen der Rum-Rationen werden geduldet. Doch wenn die Charanga Habanera auf dem Land auftreten, sind die einzigen, die zu Hause bleiben, die Uralten und die Babies. »Wir holen mehr Leute auf den Platz der Revolution in Santiago als Fidel Castro«, sagt Calzado. Der *comandante* kann es sich nicht leisten, darauf eifersüchtig zu sein. Also versucht er, die Musik zu nutzen, wo es geht.

Es ist nun eine Ironie des Lebens, daß gerade die Tanzmusiker, die nach der Revolution verstummen sollten, zum Exportschlager des Regimes hinaus in die saturierte Welt wurden. »Einen wie Compay Segundo oder Ibrahim Ferrer findest du in Kuba an jeder Straßenecke«, sagt Lazaro, ein 23jähriger, arbeitsloser Kubaner. Compay Segundo, der 93jährige Filou mit Gitarre, und Ibrahim Ferrer, den der amerikanische Musiker Ry Cooder als Schuhputzer von der Straße auflas, machten mit dem Buena Vista Social Club eine späte Karriere. »Drück irgendeinem Alten an der nächsten Straßenecke eine Gitarre in die Hand und du wirst staunen. In jedem Kubaner steckt ein ganzes Orchester. Für uns ist der Buena Vista Social Club nichts besonderes. Vor allem ist er Nostalgie. Und davon haben wie in Kuba genug«, sagt Lazaro. Er ist jedes Wochenende im El Tropical, wo der Buena Vista Social Club niemals auftreten würde. Auch er ist Musiker. Das sind, seit den Erfolgen der neuen Bands, viele. Es ist das einfache Leben der Straße, das von diesen schwindelerregenden Erfolgen der Bands erzählt, dem Gold, dem Geld, den Autos und den Mädchen. Es ist der Dialog, den die Musik mit der Straße führt.

Der Geldbeutel ist geklaut. Zwei Polizisten zuckten nur mit den Schultern. Ein paar Wochen später bebt das El Tropical noch mal unter den Klängen der Charanga Habanera. Als der Sänger Michel Marquez von der Bühne in die Menge springt und mittanzt, fehlt ihm plötzlich seine schwere Goldkette mit dem faustgroßen Dollarzeichen dran. Er klettert zurück auf die Bühne und schreit ins Mikrofon: »Was für ein Scheißland.« Dann senkt er den Kopf und sagt: »Musik hält das Land zusammen, sie ist unser tren de allegra, der Zug der Freude. Sie ist alles, was wir haben. Ihr tontos, ihr Idioten.« Er spricht im Rhythmus der kubanischen Gegenwart und bricht das Konzert ab.

Es ist zwei Uhr morgens. Viele der Konzertbesucher gehen direkt zur Arbeit – ein Fußmarsch, aufgetankt mit Musik, unsicher über den Abschluß. »La lucha continua«, schreit einer und reckt nochmals die Faust in den Himmel. Der Kampf geht weiter.

Vogelfrei

Ein deutscher Glücksritter im Sozialismus

Dem Deutschen steht das Wasser bis zum Hals. Wenn er mal eben dahinsagt, zwischen zwei Schluck Bier, er gehe jetzt runter zum Malecón, der einst prächtigen und nun zerbröckelnden Meerpromenade von Havanna, um sich dort in einem der vom Meerwasser angefressenen Häuser zu erhängen, weil er beim Skat achtzig Dollar verloren hat, dann lachen die anderen Kartenspieler zwar, Aussteiger und Abenteurer wie Günther, doch das Lachen klingt verhalten, denn auch für jeden von ihnen sind achtzig Dollar eine Stange Geld.

Früher war so ein Betrag nichts für Günther. Eineinhalb Tankfüllungen, nicht mal ein paar Schuhe, die monatliche Telefonrechnung. Auto hat Günther heute keines mehr, auch kein Telefon, und an den Füßen trägt er billige Sandalen. Das einzige, das Günther sich in letzter Zeit zugelegt hat, ist ein Bierbauch. Günther bewegt sich durch die Straßen von Havanna wie ein aufgeblähtes Wiesel, dreht sich jeden Augenblick um, ängstlich, vorsichtig, suchend und versteckend, ungewohnt noch der Umgang mit dem neuen Umfang. Neben dem dicken Bauch hat Günther sich eine Handvoll Frauen und ein paar Feinde angeschafft. Ein ziemlicher Saustall, könnte man sagen. »Eine viel bessere Existenz als die, die ich früher hatte«, sagt Günther, Zigarette im Mundwinkel, einen Hummerschwanz für drei Dollar gegessen habend, das Gesicht trotz der vielen Sonne grau, und seiner Freundin, einer Mulattin aus der kubanischen Provinz Holguin, auf den Oberschenkel schlagend.

Günther kam vor zwei Jahren auf Urlaub nach Kuba. Als Stahlvertreter fuhr er davor die neuen

Bundesländer ab. Abends trank er allein in klebrigen Hotels in Thüringen und Sachsen-Anhalt Bier aus den Minibars, während zu Hause in Leipzig, wohin er von Solingen für den Job gezogen war, eine Freundin saß. »Zu der zog es mich weiß Gott nicht zurück«, sagt Günther, während die Mulattin sich fest an ihn drückt. Er rutscht weg von ihr und sagt: »Sie liebt mich halt … und ich sie auch.« Günther wollte zwei Wochen Urlaub machen in Kuba. Am Malecón sprach ihn am ersten Tag ein Mädchen an. »Ich wußte nicht, wie normal das ist«, sagt er. »Ich hielt unsere Geschichte gleich für was besonderes.« Das Mädchen nahm ihn mit, irgendwohin in die Altstadt Havannas. Um dahin zu gelangen, hat er jede Angst und jede Vorsicht abgelegt, ist zu fremden Menschen ins Auto gestiegen, hat ein fremdes Haus betreten, ein Glas Wasser aus dem Wasserhahn getrunken und eine gleichermaßen schöne wie fremdartige Frau in den Armen gehalten.

Eine knarrende Zwischendecke trennte die beiden von der siebenköpfigen Familie, die sich durch die Vermietung ein paar Dollar verdiente. »Eine Neonröhre hing da. Sie wollte gar nicht mehr herausgehen aus dem Licht. Rote Haare und Haut wie ein Karamelbonbon. Die Kubanerinnen sind alle …, wie heißt das, wenn man sich gerne zeigt?« Das harte Licht muß aber auch jede Falte im vierzigjährigen Gesicht Günthers gezeigt haben und wie die grauen Haare unter der schwarzen Tönung nachwuchsen. Er bestellt noch eine Runde Bier, in der Büchse, nicht in der Flasche, denn da kriegt man einen großen Schluck gratis, zehn Milliliter, zum selben Preis. Dann steckt Günther sich eine Zigarre ins Gesicht. Das Mädchen aus Holguin zündet sie ihm an. Als Günther weiterzuerzählen beginnt, blickt sie gelangweilt. »Am nächsten Tag trafen wir uns erneut«, erinnert sich Günther weiter an seine erste Bekanntschaft. Eine Woche lang verließen sie das Bett nicht. Günther muß sich gefühlt haben wie hinter weißen Flügeltüren lebend, erzählt von Erektionen, die hart waren wie schon lange nicht mehr.

Er verspürte keine großen Wünsche mehr, etwa nach einem neuen Auto oder einer anderen Stereoanlage, rechnete nicht mehr stundenlang Kredite im Kopf durch, die ihm irgend etwas bezahlen würden, das er nicht brauchte. Seine Familie hatte sich schon vor langer Zeit nicht mehr füreinander interessiert, verstreut wie eine Ladung Schrot. Er war nun voller Energie, kehrte nach Deutschland zurück, verkaufte seinen Krempel und kündigte seinen Job. Als ihn sein Chef darauf hinwies, daß er eine Kündigungsfrist habe, ging er einfach nicht mehr hin. Man konnte ihm nicht mehr drohen. Ein paar tausend Mark hatte er gespart, der Dispokredit legte fünftausend drauf, und zwei Wochen später saß Günther wieder im Flugzeug, zurück nach Kuba, zu der Rothaarigen, die Zukunft ungewiß, und das Leben spannend wie – ja, tatsächlich, wie noch nie. Zwei Monate lebte er bei der Rothaarigen auf dem Land, wo er sich für ein paar hundert Dollar eine Hütte gekauft hatte. »Unter ihrem Namen. Ausländer dürfen nix kaufen«, sagt er. Günther beschwert sich nicht darüber, daß er die Hütte längst wieder los ist. Er hofft, daß Fidel Castro noch lange weiterregieren wird, weil sich dann für ihn nichts ändern dürfte. »Wer hier Geschäfte macht, darf nicht auf den großen Ruhm warten. Einfach nur heute und morgen leben«, sagt er, »das gefällt mir.« In dem kleinen Ort der Rothaarigen gab es keine Läden und nur eine Bar, die billigen Rum ausschenkte. Daß jeden Tag der Strom für ein paar Stunden abgeschaltet wurde, war nicht weiter schlimm, denn es gab keinen Fernseher, kein Radio und nur einen Gaskocher. »Klar, auch das ist Fidel Castro«, sagt Günther. Sein neues Leben auf dem Land wurde ihm schnell langweilig. Günther schenkte der Rothaarigen, die damit zufrieden war, die Hütte und zog allein nach Havanna.

In Deutschland war Günther hin und wieder bei einer Nutte gewesen. In Havanna hat er es zum Zuhälter gebracht. Günther gabelt Touristen am Flughafen auf, wenn die Linienflieger eintreffen aus Berlin, Paris oder Madrid. Dann wartet er neben den kubanischen Taxifahrern auf seine Kunden. Er erkennt sie an der Erschöpfung und der Furcht und dem bei allen erwartungsvollen Blick. Er beobachtet, bis die Männer von ein paar Kubanern angesprochen werden. »Amigo, Taxi. Amigo, Taxi.« Verunsichert wehren sie ab. »Paß auf«, sagt Günther dann seinen Spruch, »da drüben, die verlangen zuviel für die Fahrt in die Stadt.« Er ist geschmeidig, der ehemalige Vertreter, versteht zu lächeln. »Warte noch ein bißchen, du kannst bei mir mitfahren«, sagt er, »mein Besuch scheint nicht zu kommen. Gott weiß warum.« Als nächstes sitzt der Tourist mit Günther im Auto. Günther zündet sich eine Zigarre an. Am Straßenrand stehen die Mädchen. Hitze, der Geruch von Benzin, Lastwagen mit grünen Bananen auf der offenen Ladefläche, der Qualm kräftigen Tabaks, die Langsamkeit, Palmen im Wind, am Straßenrand Schilder, die verwaschen die Revolution preisen. Günther muß nicht einmal mehr reden. Und schon am Abend die erste Verabredung mit Günther. Beim Bier in der Altstadt von Havanna erzählt er die Geschichte von Yamilla, wie sie neulich vor seinem Haus überfahren wurde, als sie bei Regen den Malecón überquerte, und wie niemand auf die Beerdigung kam, denn sie war ja vom Land und war allein nach Havanna gekommen. Er macht eine kurze Pause. »Außer mir. Manchmal besuche ich noch ihr Grab. Macht ja nix, daß sie eine kleine Nutte war.« Und weil die Touristen auch niemanden in Havanna haben außer Günther in diesem Moment, fühlen sie sich ziemlich gut aufgehoben.

Günther lernt Mädchen wie Yamilla in den Diskotheken oder Bars von Havanna kennen. Er nimmt sie mit, schläft mit ihnen, steckt ihnen ein paar

Dollar zu und erzählt, wie gefährlich es sei, was sie tun, und er würde ihnen gerne ein bißchen helfen. Das war auch der Spruch, mit dem er Magdalena kennenlernte. Dabei war sie gewarnt worden. Sie saß am Tresen einer Bar in der Altstadt von Havanna, als die Frauen noch in die Dollar-Bars durften und die Polizisten bei den Nutten wegsahen. »Siehst du den da drüben«, sagt eine dunkle Frau zu Magdalena und deutete auf Günther. »Ein descarado, ein Scheißkerl, zahlt nicht für die Frauen. Klar, all die Ausländer sind schlimm. Die jedenfalls, mit denen wir ins Bett müssen«, sagte die Schwarze. »Die anderen auch«, erwiderte Magdalena, »von denen haben wir nämlich gar nichts.« Die beiden Mädchen lachten. »Aber er ist einer von der schlimmsten Sorte«, sagte die schwarze Frau. Ihr fehlte unten ein Schneidezahn, die Wangen waren eingefallen. Magdalena blühte, sie war erst neunzehn, und Günther schielte rüber. Sie ging in der Nacht mit ihm mit. Die Frau mit dem fehlenden Schneidezahn verstand. Es war kein Besserer mehr gekommen. »Irgendwie müssen wir ja leben«, sagte sie, als Magdalena die Bar verließ. Günther schob Magdalena am nächsten Morgen fünfzehn Dollar zu, fragte nach ihrer Nummer und erzählte von seinen Freunden aus Deutschland. Dumm wären die wie die Nacht schwarz, und sie würden gut bezahlen, und Magdalena könnte sich mit ihnen treffen in ordentlichen Pensionen und Privatunterkünften, denn auch die vermittelte Günther. Ein sicheres Geschäft. Sie solle ihm zehn Dollar abgeben von jedem Deutschen, den sie durch ihn kennenlernen würde. »Staub ein paar Dollar mehr ab«, sagte er, »und es stimmt für uns beide.«

Zuhälterei ist in Kuba ein Kapitalverbrechen. Trotzdem gibt es Männer, die Schwestern, Schwägerinnen, Freundinnen und Ehefrauen an Ausländer vermitteln. Wer erwischt wird, wandert ins Gefängnis. Günther ist Ausländer. Ihnen passiert in Kuba nichts. Nur einmal, da haben ihm ein paar Männer aus der Nachbarschaft aufgelauert. Er hat ein paar Fausthiebe in den Bauch bekommen, dann sind sie weggelaufen. Er hat den Schmerz eines Messerstichs erwartet. Er sagt, es waren neidische Zuhälter. »Wenn Fidel mal weg ist, hält die nichts mehr zurück«, sagt er. »Dann kann ich einpacken.«

Günther vermittelt Neuankömmlingen das Gefühl, frei zu sein. Auf die Frage, was er denn mache, antwortet er, er sei Stahlvertreter. Wie läßt sich auch jemandem erklären, der gerade seinem geordneten Leben für ein paar Tage entschlüpft ist, wie es um Günther wirklich steht. Er erzählt, daß er ein Konto in Mexiko hat. Einmal im Monat fliegt er hin, erzählt er, mit vielen Zigarren im Handgepäck, die er über den Landweg nach Las Vegas bringt. »Die großen Hotels dort zahlen gutes Geld dafür.« Niemand hat je beobachtet, daß er die Stadt für länger als eine Nacht verlassen hat, und wenn er achtzig Dollar verliert, spricht er davon, sich aufzuhängen. Und doch sagt einer seiner Skatfreunde, ein Vogelhändler, wenn es jemanden gibt, der einem deutschen Konzern ein verkommenes kubanisches Stahlwerk verkauft, ist es dieser Günther. Ein Pfundskerl.

Als die Deutsche Bank einen Werbespot in Havanna drehte, wurde Günther angeheuert, um die Abschlußfeier zu organisieren. »Er hat die Kontakte«, sagt der Vogelhändler. Neulich hat er zwei Norwegern drei Kisten Zigarren angedreht. Die haben sie ihm zurückgebracht. Gib uns die sechshundert Dollar wieder, die Dinger sind nicht echt, haben sie gefordert. »Ich mußte sie ihnen zurückzahlen. Es ging um meinen Ruf.« Eine Woche nach dem Fest der Deutschen Bank fuhr der Vermieter der Wohnung, in der das Fest stattfand, im Polizeiwagen vor Günthers Stammkneipe vor. Günther sprang durch die Hintertür ins Freie und wurde seitdem in Havanna nicht gesehen.

Im schwarzen Mantel

Die jungen Frauen auf den Straßen von Havanna sind verschwunden

»Es gibt da ein Problem«, sagt Carlito – der kleine Carl. Er zieht an einer Zigarre und dreht seinen Kopf so schnell und kräftig, daß es knackt im Genick. »Wenn wir in die Revision gehen, fordert die Staatsanwaltschaft zwei Jahre.« »Aber das Urteil, das wir anfechten, lautet nur ein Jahr«, antworte ich. »Glaub mir«, sagt Carlito. Das zentimeterkurze Haar des jungen Rechtsanwalts schimmert silbergrau. Er hat bei 1,80 m wenigstens zwanzig Kilo Übergewicht, und an den Fingern trägt er goldene Ringe mit glitzernden Steinen. Obwohl ich ihn gerade erst kennengelernt habe, glaube ich ihm. Carlitos Mutter schiebt mir ein Täßchen süßen Kaffee hin. Ich sei in ihrer Wohnung, die sie mit Carlito und seiner dritten Ehefrau teilt, willkommen wie ein Sohn, sagt sie. Zum Kaffee rauche ich eine von Carlitos dicken Zigarren der Marke Trinidad. »Geschenk eines Klienten«, erklärt Carlitos Mutter. Sie ist Geschichtsprofessorin an der Universität von Havanna. Klebeband hält ihre Brille in der Mitte zusammen, ein oberer Schneidezahn fehlt, und als sie das kleine Wohnzimmer betrat, schlüpfte Sylvia, die 18jährige Ehefrau Carlitos, rasch ins Schlafzimmer, und Carlito sitzt paffend zwischen den zwei Frauen wie ein zufriedener Maharadscha. Wenn er redet, hört seine Mutter aufmerksam zu und begleitet seine Worte mit passendem Gesichtsausdruck. »Zwei Jahre«, erklärt Carlito also nochmals, »als eine Art Strafe dafür, in die Revision gegangen zu sein. Deswegen ist die zweite Verhandlung gefährlich«, erklärt er. Carlitos Mutter nickt. »Aber mach dir keine Sorgen«, sagt

Carlito und fährt flüsternd fort, »ich kenne den Ehemann der Staatsanwältin. Ein Freund von mir. Gegen ein kleines Geschenk bleibt die Anklage bei einem Jahr.« »Geschenk?« frage ich. »Wieviel hast du hier?« fragt Carlito und kneift die Augen zu Schlitzen zusammen. »Sechshundert Dollar.« »Gib her«, sagt er. Fünfhundert für die Staatsanwältin. Das reicht. Und hundert für mich«.

Meine Freundin Odelia ist Kubanerin und sitzt in einem kubanischen Hochsicherheitsgefängnis. Während des ersten Prozesses wurde ein Schreiben von mir verlesen. Darin stand, daß wir seit fünfzehn Monaten eine Beziehung haben. Der Richter hatte meinen Paß auf- und wieder zugeblättert. Sehen wollte er mich nicht. Odelias erster Verteidiger zog nach der Verhandlung seine Kutte aus und sagte, Zigarette zwischen den Lippen, es sei doch besser als nichts, es hätten auch statt des einen zwei oder drei Jahre werden können. Dann fuhr er in seinem polnischen Fiat davon.

Vor einer Woche war Odelia in Havanna in eine Polizeikontrolle geraten. Der Polizist, der sie anhielt, sagte, sie suche nach Touristen, weil sie in der Provinzstadt Camagüey gemeldet sei, und was sonst könne sie in Havanna wollen. Sie suche nicht nach Touristen, antwortete sie, sie habe einen Freund, und ja, der sei Ausländer, doch das sei nicht strafbar, oder? Sie studiere hier, privat, sei eben erst, vor einer Stunde, wieder in Havanna angekommen, nachdem sie die Weihnachtsfeiertage bei ihrer Familie in Camagüey verbracht hatte, und eine Telefonzelle suche sie, um ihre Mutter anzurufen. Von einer Ausgangssperre für junge Frauen wüßte sie nichts. Sie sei eine *jinetera*, eine Reiterin, die es mit Touristen für Geld mache, deswegen sei sie aus der Provinzstadt Camagüey nach Havanna gekommen, sagte der Polizist und fing an, einen Strafzettel über dreihundert Pesos, fünfzehn Dollar, auszuschreiben. Odelia fragte nach seinem Namen und der Dienstnummer. Nun drohte der Mann mit Gefängnis. Sie entschuldigte sich. Sie weinte. Drei spanische Touristen, die zufällig vorbeiliefen, wollten helfen. Der Polizist sagte, deine Freunde, die können dir jetzt auch nicht mehr helfen. Sie sagte, ich kenne die gar nicht. In dem Augenblick kam eine zivile Streife vorbeigefahren. Der Polizist warf den Strafzettel weg und hielt seine Kollegen an. Um drei Uhr morgens kam Odelia in der Polizeistation Villa Clara am Rande der Stadt an. Vier Tage lang wurde sie verhört, ein Polizist namens Tony versprach ihr am fünften Tag, wenn sie ein Geständnis unterschreibe, das besagt, sie habe andere Verhältnisse mit Ausländern vor ihrer jetzigen Beziehung gehabt, könne sie gehen. Sie sagte, sie habe fünf- oder sechsmal einen Spanier getroffen, das sei bald zwei Jahre her und keine sexuelle Beziehung gewesen, und unterschrieb. Tony sagte, gut, nun haben wir dich, nächsten Dienstag ist dein Prozess. Am Abend konnte sie jemandem einen Zettel mit der Telefonnummer ihrer Mutter zustecken.

Es war reichlich seltsam, einem kubanischen Gericht erklären zu müssen, mit wem, warum und wie lange ich ein Verhältnis habe. Es entbehrte jeglicher Logik, daß mein Schreiben und mein Paß ein Jahr statt zwei Jahren Gefängnis bedeuteten. Das zuständige Stadtgericht ist in einer alten Villa untergebracht, nicht weit vom Malecón, der Strandpromenade Havannas, die der Ozean bei Wind vierspurig mit seiner Gischt überschwappt. Vier Fälle wurden an diesem Vormittag dort behandelt, alle wegen Prostitution. Auf der gefliesten Terrasse saßen die Angehörigen. Kinder schliefen auf den Steinbänken, bald kam eine alte Frau, die gesalzene Erdnüsse verkaufte, dann eine andere, die mit Käse und Schinken belegte Brote anbot. Als der Autobus mit den vier angeklagten jungen Frauen Richtung Seiteneingang einbog, rannten die Angehörigen los. Die vier Mädchen verließen den Autobus, die Hände auf dem Rücken haltend, als würden sie von unsichtbaren Handschellen zusammengehalten. Uniformierte Frauen hielten die Angehörigen zurück. Odelias Gesicht war traurig wie noch nie, und ich wußte, wie ernst die Lage war. Die Mädchen durften sich noch kurz anstellen, um die Toilette zu benutzen. Ein Fenster von der Terrasse gewährte diesen Blick. Dann verschwanden sie, begleitet von den uniformierten Frauen, in den ersten Stock der blau angemalten Villa. Eine Stunde verging. Und noch eine. Dann holte der Gerichtsdiener die wartenden Väter, Mütter, Geschwister und Freunde herein. Im Saal saßen die vier Mädchen auf Holzbänken. Odelia saß auf einer der letzten Bänke. Als würde sie in diesem Moment aufwachen, begann sie auf- und abzuspringen. Sie hüpfte auf dem Fleck, als wollte sie instinktiv wegrennen. Dann begann sie, nach mir und ihrer Mutter zu weinen. Die Frauen in den grünen Uniformen plärrten sie an, sich zusammenzureißen. Nach ein paar Minuten atmete sie wieder gleichmäßig. Um sie herum saßen ihre Mutter, vier Freundinnen und ich. Sie erkundigte sich nach ihrer Großmutter, der eine Armoperation bevorstand. Sie wollte wissen, wann ich angekommen war, fragte nach meiner Familie und meinen Freunden. Sie erzählte von den vergangenen Tagen. Nach zwanzig Minuten wurden sie und die drei anderen Frauen zum Aufbruch aufgefordert. Odelia wollte in die Arme genommen werden zum Abschied. Die Frauen in den grünen Uniformen protestierten. Die vier Mädchen erhoben sich, die Hände fanden den Weg zurück hinter den Rücken. Man brachte Odelia in das Frauen-Hochsicherheitsgefängnis von Havanna, nach Manto Negro, dem »schwarzen Mantel«. Eine weinende Mutter sagte, daß den Frauen in Manto Negro als erstes der Kopf rasiert wird.

Ich brauche einen guten Rechtsanwalt, sagte ich

in der österreichischen Botschaft zu dem Botschaftssekretär. Schwierig, sagte der, denn wenn man erstmal drinnen sei im kubanischen Rechtssystem, »wird's duster«. Ein Mann im schmutzigen Unterhemd, als der beste Rechtsanwalt Havannas von einer Bekannten angepriesen, hörte etwas später erst nicht zu und verschwand dann wortlos für eine halbe Stunde ins Nebenzimmer. Eine junge Anwältin blickte auf Fotos von Odelia und mir und wiederholte ein paarmal, wie traurig das alles sei. Ein dritter Rechtsanwalt erzählte von seinem Vater, der einmal in New York gelebt hatte, bis er für die Revolution zurückkam, und als der Rechtsanwalt gerade seinen Vater anrufen wollte, damit wir ein bißchen über New York plaudern könnten, ging ich. Carlito war der letzte Rechtsanwalt, mit dem ich am Nachmittag nach der Verhandlung sprach. Er war laut, dick, goldbehangen, hörte ganz genau zu, und ich glaubte herauszuhören, daß er sein Land sehr mag und die Leute Kubas kennt, und das schien mir eine gute Voraussetzung für eine ordentliche Verteidigung bei der Revisions-Verhandlung. Er konnte ernst sein und Lachen. Als es klopfte und ein uniformierter Polizist an der Tür stand, fuhr er ihn an: »Das nächste Mal läßt du die Uniform zu Hause«. Dann umarmte Carlito den Polizisten, und das mit der Uniform war kein Spaß gewesen, und das wußte auch der Freund, und der widersprach, weil ihm gerade ein Beförderungsgrad von der Uniform gerutscht war, als er als Gast bei der Hochzeit eines Ausländers gesehen wurde.

Hermano, begrüßt mich Carlito am nächsten Tag. In seiner großen Hand liegt ein verschrumpelter Brief von Odelia. Seine Mutter kniet vor dem Kühlschrank, der gestern kurz vorm Schlafengehen seinen Geist aufgegeben hat. Essen stapelt sich im Spülbecken. Es gibt wieder süßen Kaffee aus der Thermoskanne. Carlito zwinkert und sagt, die Staatsanwältin und ihr Ehemann haben das Geschenk akzeptiert. Außerdem war Carlito heute in Manto Negro. Carlito reicht mir eine Liste, Nahrungsmittel, Unterhosen, eine Zahnbürste, einen Eimer zum Waschen und vor allem Beruhigungsmittel brauche sie, »weil sie nicht schlafen könne. Sie sagt, sie sei stark, aber sie ist es nicht. Sie verträgt das Essen nicht.« Carlito verspricht, daß Odelia spätestens in vier oder fünf Monaten frei sein wird, »auch wenn wir die Revision verlieren«. Untergebracht, erzählt Carlito, sei sie in einem Zimmer mit 24 anderen Mädchen. Ich solle ihr Dollarnoten in Brotteig stecken, und auf die Frage, was sie damit im Gefängnis kaufen könne, antwortet Carlito: »Alles«.

Ich habe einen Plan. Weil ich nicht weiß, ob die Staatsanwältin überhaupt einen Ehemann hat, und weil ich weiß, daß Carlito neben einem neuen Kühlschrank einiges mehr gebrauchen könnte. Ich sage Carlito, daß wenn Odelia innerhalb der nächsten zwei Wochen ihre Revision hat und wenn sie davor oder danach freikommt, er von mir eine Belohnung erhält – Geld. Zusätzlich zu allem, was er für seine Arbeit braucht. Er habe den Fall nicht wegen des Geldes angenommen, erklärt Carlito, sondern weil es sich um einen groben Fall von Ungerechtigkeit handle. Er würde aber mein Angebot akzeptieren, und er sagt: »In zwei Wochen ist Revision.« Und weil er gestern hundert Dollar für sich wollte, bekommt er heute zur Feier des Tages zweihundert.

Am Morgen der Revision hole ich Carlito ab. Wir fahren schweigend zum Provinzgericht in der Altstadt Havannas. Carlitos Schuhe sind geputzt, er riecht nach Rasierwasser, trägt keine Goldringe. Carlito will mich als Zeugen vorladen. Gemeinsam haben wir eine Erklärung vorbereitet, die ich dem Gericht vorlesen werde. Carlito sagt, wir hätten Pech mit dem Richter, der sei ein richtiger Hundesohn. Mit der beisitzenden Richterin allerdings hätten wir

Glück, die habe er nämlich mal, und er dreht seine Faust auf und ab, als würde er im Standgas sein Motorrad aufheulen lassen.

Das Provinzgericht ist keine alte Villa mehr, sondern ein richtiges Gericht, danach kommt in der Justizreihenfolge nur noch der Oberste Gerichtshof, und da könne man gleich direkt zu Fidel gehen, sagt Carlito. Großfamilien warten in der Halle, vor dem Eingang streckt sich außerdem eine Schlange von fünfzig Leuten in die Straße, für die im Gebäude kein Platz mehr ist. Einige der Kubaner tragen Anoraks, der Tag ist kalt. Dann werden die Mädchen durch den Wartesaal gebracht, zwölf im ganzen, der erste Verhandlungsschub, bis mittag wird der Richter zwölf weitere Fälle behandeln. Ich werde tatsächlich zugelassen. Carlito flüstert mir zu, der Richter habe aber gesagt, ich dürfe nicht sprechen. Die Mädchen sitzen rechts vorne. Bei seinem letzten Besuch in Manto Negro – im ganzen war Carlito siebenmal dort, um mit Odelia ihre Aussage vorzubereiten –, hat er ihr gesagt, auch wenn es nicht gut ausginge bei der Verhandlung, könnte er für uns zwei einen Pavillon im Gefängnis besorgen, gegen ein kleines Geschenk, wo wir dann die eine oder andere Nacht zusammen verbringen könnten; vielleicht alle zwei Wochen einmal. Was hat sie gesagt, wollte ich wissen. Sie habe ihn nur angesehen, sagt Carlito.

Die Mädchen erheben sich, als der Richter den Saal betritt. Er ruft den ersten Fall auf. Carlito sitzt in einer der hintersten Bänke. Dann kommt Odelia an die Reihe. Mit fester Stimme erklärt sie dem Richter, was passiert ist. Die beisitzende Richterin sichtet das Beweismaterial. Der Richter fragt, was für eine Art von Beziehung wir hätten. Als ob sie nicht wüßte, was der Richter hören will, zögert sie. »Eine normale«, sagt sie schließlich. Dann ist Carlito an der Reihe. Zu seinen Beweisen gehören notariell beglaubigte Erklärungen der Klavier- und der Englisch-

Professorin, die besagen, daß Odelia bei den Frauen studiert, dazu ein Flugticket, das aufzeigt, daß sie, kurz bevor sie in die Polizeikontrolle geriet, in Havanna angekommen war. Zwischendurch wirft Carlito ein, ich sei ein Liebhaber der kubanischen Revolution, wovon es im Ausland nicht mehr viele gäbe. Der Richter schaut streng. Das Beweismaterial von Carlito liegt in einer dicken Mappe. Die Staatsanwaltschaft hat keine Beweise und braucht auch keine, weil im Zweifel alles für den Staat spricht. Der Richter blättert durch die englischen Grammatikhefte von Odelia. Sieht die Erklärung der Englisch-Professorin an, legt sie wieder weg. Sie ist gefälscht. Als Carlito die Englisch-Lehrerin fragte, ob sie die Erklärung abzugeben bereit sei, sagte sie ja. Am nächsten Tag fürchtete sie sich. Sie könne nicht unterschreiben, sie wolle nicht mit hineingezogen werden, und falls der Rechtsanwalt ihren Namen nenne während der Verhandlung, werde sie einfach behaupten, Odelia habe ihr einen Ring und vier Teller gestohlen. Auch das Flugticket ist gefälscht. Odelia fand es nicht mehr, aber Carlito hat einen guten Freund bei Cubana Airways.

Odelia war das einzige von 24 Mädchen, das bei der Verhandlung freikam. Der Richter nahm sich für jede der jungen Frauen etwa zehn Minuten Zeit. Zwei Mädchen wurden während des Prozesses ohnmächtig. Fünf waren erst sechzehn Jahre alt. Eine war siebzehn und hatte eine einjährige Tochter. Zwischen zwei und acht Jahren werden sie hinter Stacheldraht verbringen, bewacht von bewaffneten Männern, werden sich nicht vernünftig waschen können, weil es in Manto Negro kein fließendes Wasser gibt, werden hungrig sein und nur alle zwei Wochen für eine Stunde Besuch empfangen dürfen, doch auch nicht alle, denn ein paar Mädchen konnten nicht einmal ihre Eltern benachrichtigen, sind einfach verschwunden. Jedes der Mädchen war zur falschen Zeit am falschen Ort. Manche mit einem Touristen, andere allein.

Als ich am Tag nach der Revision mit Carlito Odelia im Gefängnis abholen will, taucht der Soldat mit den Freilassungspapieren nicht auf. Gegen Mittag ist er vom Provinzgericht im Stadtzentrum aufgebrochen. Manto Negro liegt fünfzehn Kilometer entfernt. Eine Frau steht vor dem Gefängnis und schreit: »Freiheit für meine Tochter.« Niemand beachtet sie. Wir warten bis abends um sieben, dann fährt Carlito auf seinem Motorrad los, den Soldaten zu suchen. Carlito hat eine Geliebte mitgebracht, die sich während des Wartens die Fingernägel lackiert. Eine Stunde später kommt Carlito mit dem Soldaten zurück. Irgendwo am Straßenrand hat er ihn aufgelesen. Zwei Stunden danach, es ist stockdunkel, beginnt hinter dem Stacheldraht von Manto Negro ein Gesang: »Odelia te vas, Odelia te vas, y no regresas«, singt ein Frauenchor, »Odelia darf gehen, Odelia darf gehen, und sie wird nie wieder zurückkehren.« Zwanzig Minuten später läuft Odelia den langen, geteerten Weg von den schlecht beleuchteten Zellen herunter zum Haupteingang mit den massiven Gittern. Dann beginnt sie zu rennen. So schnell sie kann.

Als die amerikanische Schriftstellerin Susan Sontag Ende der sechziger Jahre das kommunistische Vietnam besuchte, schrieb sie in einem Aufsatz für das Magazin *Esquire*, daß sich dort eine »äußerst zivilisierte Gesellschaft bilde, mit einem großen Anspruch an Freundlichkeit und Menschlichkeit«. Sie beschrieb, wie die Regierung Prostituierte rehabilitierte, indem die Frauen in schön angelegte Ressorts geschickt wurden. Dort wurden ihnen Märchen vorgelesen und Spiele mit ihnen gespielt, um ihnen das Vertrauen in die Menschheit zurückzugeben. Im Gefängnis von Manto Negro gibt es keine Märchen. Als das siebzehnjährige Mädchen Yasmin sagte, sie wolle keine Sprüche von Fidel mehr auswendig lernen, schließlich sei er schuld daran, daß sie hier sei, bekam sie eine Woche Einzelhaft.

»Cuba no es libre«, schrie eines Nachts ein deutscher Tourist, als ihm seine dunkelhäutige Begleitung vom Arm weg festgenommen und in einen Polizeiwagen gesteckt wurde. Nein, frei ist Kuba nicht, und wäre es frei, wäre dieser Tourist kaum mit der Frau die Straße entlanggegangen. Im Augenblick brauchen die Mädchen die Ausländer, so wie das Land den Tourismus braucht. Im Gefängnis, sagt Odelia, die abends oft Briefe schreibt an die Mädchen aus ihrer Zelle, habe sie gehört, daß es drei Mietautos in Havanna gäbe, in denen keine Touristen, sondern Polizisten sitzen, die die Mädchen von der Straße einsammeln. Ein blaues, ein rotes und ein weißes Auto. Toyotas. Das würden sie sich merken, die Mädchen von Manto Negro, erzählt Odelia, für die Zukunft, statt der Märchen.

Kartoffeln zum Dessert

Vier Wochen im August 1993, die die Insel veränderten

Hat es nun auch TV-Star Nitza Villapol erwischt? Ist ihre Karriere zu Ende? Keiner weiß Genaues und Frau Villapol selbst wünscht den Reporter lautstark »zur Hölle«, verweigert das Interview, ohne die Tür ihres Appartements auch nur einen Spaltbreit zu öffnen. Seit mehr als vierzig Jahren zeigt die resolute Dame den Kubanern, wie man mit wenig Aufwand schnell was auf den Tisch bringt. »Kochen in Minutenschnelle« heißt ihre populäre Halbstundensendung, die das Staatsfernsehen samstags zur Mittagszeit ausstrahlt. Vor der Revolution machten US-Lebensmittelkonzerne Vorgaben für die Koch-Show, nach der Revolution das Ministerium, das für die Nahrungsmittelverteilung zuständig ist. Denn »Rognons Sautés au Champagne« zu empfehlen in einer Zeit, in der es nur Reis und Kartoffeln gibt, das schickt sich nicht. In ihrem Kochbuch von 1988 listete Nitza Villapol noch 52 Fleischgerichte auf und 23mal Huhn, von Geflügelsalat bis »Pollo a lo Marengo«. Das letzte Fleischgericht in ihrer TV-Show hat sie jedoch vor mehr als zwei Jahren präsentiert. Manchmal verirrt sich eine Zwiebel oder ein Stückchen Frucht in den Kochtopf, meist bleibt das Mahl karg. Mal gibt es Kartoffelsalat, mal Kartoffelbrei, dann gebratene Kartoffeln. Sogar ein Dessert wagt sie – aus Kartoffeln. »Falls Sie Schwierigkeiten mit Butter und Milch haben, empfehle ich Schweinefett, Salz und einen Schuß Orangensaft«, doziert sie, als wüßte sie nicht, daß es weder Milch noch Butter, noch Schweinefett, Orangen, Speiseöl oder irgendwelche Gewürze gibt.

Im Jahre 34 nach der Revolution ist »Cocina al

minuto« aus den TV-Vorankündigungen verschwunden. »Wir haben kein Geld, also müssen wir das Programm kürzen«, klagt ein Programm-Verantwortlicher. »Der Staat deckt nur noch zwanzig Prozent unserer Kosten. Den Rest müssen wir durch den Export von telenovelas und Musiksendungen finanzieren«. Der Sender versichert, es könne sich allenfalls um eine vorübergehende Pause handeln. Vielleicht ist es aber so: Wo es nichts zu kochen gibt, da hat Nitza Villapol keinen Platz mehr.

Daß es nichts gibt, ist freilich nur die halbe Wahrheit: Der Chef einer Bananenplantage in Guines, etwa eine Autostunde südöstlich von Havanna, versichert stolz, Monat für Monat würden etwa siebentausend Tonnen Bananen nach Havanna geschafft, um dort unters Volk gebracht zu werden. In der Hauptstadt aber ist Obst nur auf dem Schwarzmarkt und in den Supermärkten für Ausländer erhältlich. Über das Bezugsscheinheft für Lebensmittel gibt es seit Monaten nichts mehr. Der Grund? Es fehlt Benzin, um die Ernte in die Hauptstadt zu bringen. Oder es hapert an der Verteilung vor Ort. Ganze Lkw-Ladungen sind schon auf dem Schwarzmarkt verschwunden. Eine Aufstellung der US-Regierung nennt mehrere Fälle, in denen Kubaner binnen der vergangenen Monate wegen Mundraubs erschossen wurden. Vom Hunger getrieben, hatten sie versucht, heimlich Obst und Gemüse zu ernten, das später ohnehin verfaulte.

Obwohl nur noch zwanzig Prozent wirklich hinter Fidel Castro stehen, hat er Wahlergebnisse von knapp hundert Prozent – Gegenkandidaten gibt es nicht. Jeder muß zur Wahl gehen. Castro kann sich halten, weil die Zahl der echten Gegner auch nur etwa zwanzig Prozent ausmacht. Der Rest ist je nach der Nachrichtenlage aus Miami, nach Wetterlage, Glück beim Dominospiel und in der Liebe mal für, mal gegen Castro. Wird die Zahl der Hardliner zu groß, läßt Castro eine neue Flüchtlingswelle zu. Dazu kommt die Überwachung durch den Geheimdienst, dessen ehemaliger weißbärtiger Spionagechef Manuel Pineiro seit Beginn der Revolution an Castros Seite kämpft. Obwohl er alle Angriffe der CIA abzuwehren verstand und auch die eigenen Leute hart und bedingungslos anging, gibt es bis heute keine allzu große öffentliche Kritik am kubanischen Geheimdienst – im Gegensatz zur ostdeutschen Stasi etwa. Vielmehr lobte Gabriel Garcia Marquez den Humor Pineiros, der mit der beste sei, den er jemals kennengelernt habe.

In seiner zwei Stunden langen TV-Ansprache am 24. Juli begräbt Staatschef Fidel Castro beinahe das Wichtigste: Weil die Staatskassen leer sind, die Privatleute auf dem Schwarzmarkt aber Tausende von Dollars gehortet haben, wird das Geld der verhaßten *yanquis* nach ersten vagen Andeutungen im Parlament nun erstmals zum offiziellen Zahlungsmittel für Fremde und Kubaner ausgerufen. »Unser großes Problem ist das Fehlen von konvertierbarer Währung«, sagt Castro nach einer Stunde. Minuten später wird er deutlicher: »Ab sofort ist Dollarbesitz kein Vergehen mehr.«

Der erste Kuba-Besuch im Juli und August 1993. Erst im nachhinein wurde während weiterer Besuche klar, daß das Land damals vier Wochen lang einen verschärften Ausnahmezustand erlebte, der Kubanern als »die härteste Zeit seit der Revolution« in Erinnerung geblieben ist. Es war ein heißer Sommer ohne Essen, Wasser, Strom und Hoffnung. Nie wieder war der Mangel so augenscheinlich: Außerhalb der Hotels und Touristenbars in der Altstadt gab es keine einzige Kneipe. Die Angestellten eines Kleiderladens verwalteten den Mangel: Drei grüne und blaue Knöpfe waren alles, was sie zu bieten hatten. Als der Kellner im Hotel Nacional die Reste meines dürren Huhns abtrug, machte er einen kleinen

Umweg und nagte in einem unbeobachteten Augenblick am Knochen. Einstecken konnte er ihn nicht. Die Taschen der Kellner-Uniformen waren zugenäht, damit sie kein Trinkgeld behalten konnten.

Freilich mußten Kubaner auch vor der Dollarfreigabe viele Schwarzmarktgeschäfte in Dollar bezahlen. Doch jetzt wurde die Hatz nach Dollars zur Überlebensfrage auch all jener aufrechten Castro-Anhänger, die bislang von ihrem kargen Pesos-Lohn gelebt hatten. Für ein Land, das seit Jahren schon in der Vergangenheit zu verharren scheint, galt die Dollarfreigabe in den ersten Tagen als eine beinahe revolutionäre Angelegenheit. Bereits Tage später hatte jedoch Nüchternheit eingesetzt. Es waren vier Wochen im August, die das Leben auf der Insel veränderten – ohne es zu verbessern. Wer Dollars besaß, durfte also jetzt auch in den Läden der Hotels einkaufen. Doch die Touristen-Apartheid war deswegen nicht abgeschafft: Einheimische mußten Schlange stehen vor den Läden, Ausländer spazierten locker vorbei, ja wurden sogar nach vorne gerufen. »Ich dachte, die Zweiklassengesellschaft ist vorbei«, ärgerte sich Oswaldo, der zwei Jahre im Gefängnis saß, nachdem er vor zehn Jahren mit zweitausend Dollar in der Tasche in eine Polizeistreife geraten war.

Kaum hatte Castro erste Andeutungen über die Dollarfreigabe gemacht, standen Kubaner bereits Schlange vor dem Diplomercado, einem Supermarkt, der Diplomaten und anderen Ausländern vorbehalten war. Die ersten Kubaner duften ungehindert einkaufen. Beim Verlassen wurden sie jedoch festgenommen und harsch gefragt, woher sie die Dollars hätten. Die neue Politik war den Polizisten offenbar noch nicht bekannt. Am Tag darauf tummelten sich massenweise Kubaner in den elf Gängen des Ladens, türmten Wasser, Milch, Eis, Fleisch, Elektrogeräte, Toilettenpapier, Kosmetika, US-Waschmittel, Gewürze, West-Zigaretten und Dosenfrüchte in ihre Einkaufswagen. Alles, worauf sie monatelang verzichten hatten müssen. Allerdings waren viele Waren über Nacht erheblich teurer geworden: Selbst Rum oder Kaffee kosteten jetzt plötzlich um die Hälfte mehr. An zehn Kassen herrschte Betrieb wie bei Aldi kurz vor Feierabend. Kassiererinnen starrten hilflos auf Hundert-Dollar-Noten, die sie nicht wechseln konnten.

Bald danach formierte sich eine Schar von *jineteros* und Schwarzhändlern: Statt des Lebensstandards stieg die Kriminalität. Beinahe hätte man den Überfall gar nicht bemerkt: »Ein schönes Fahrrad hast du«, sagt der Halbwüchsige im Vorbeigehen. »Gehört es dir?« Und ohne die Antwort abzuwarten, stellt er sich provozierend in den Weg, greift fordernd an die Lenkstange: »Gib es mir!« Als bedürfte die Forderung des Nachdrucks, stehen unversehens zwei seiner Freunde neben ihm. Vorbei die Zeiten, als Havanna als Insel der Seligen galt in bezug auf Kriminalität. Der Vorfall ereignet sich vor einem Dollar-Shop in den frühen Abendstunden am Parque Central, einem der belebtesten Plätze der Altstadt. Der nächste Polizist steht keine zweihundert Meter entfernt. Ob er den Räuber verfolgt hätte? Immerhin hat Kubas Polizei wegen Benzinmangels achtzig Prozent der Autostreifen eingestellt. Vorzugsweise ziehen die Beamten Privatautos wegen seltsamer Vergehen kurzfristig ein und geben sie erst gegen Dienstschluß wieder frei. Zum Preis der Auslöse gehört dann, den Polizisten nach Hause zu fahren.

Auf sich gestellt, haben sich viele Kubaner bewaffnet. Radfahrer mit armlangen Macheten an der Querstange gehören zum Straßenbild, was vor allem nachts in den stockdunklen Straßen Unbehagen auslösen kann. Ist der Fahrer neben mir nun jemand, der sich im Ernstfall nur verteidigen will? Oder gehört vielleicht der zehn Meter weiter hinten fahrende Jugendliche auch zu ihm? Sind die beiden ein eingespieltes Team, das gleich zuschlagen wird? Mit solchen Ängsten radelt man durch die schwüle Augustnacht. Offizielle Verbrechensstatistiken gibt es nicht. Doch der Anstieg der Kriminalität nach der Dollarfreigabe ist offensichtlich. »Früher wurden nur Touristen beraubt, jetzt fürchten auch wir uns. Nicht nur vor Raub, auch vor Mord«, sagt eine 32jährige Tänzerin, die in Paris lebt, und ihre Dollars bündelweise in der Tasche mit sich führt. Vor zwei Tagen erst sei sie in der Innenstadt Zeugin eines Überfalls geworden: Ein Mann habe einem Fahrradfahrer ein Messer in den Rücken gerammt und sei mit dessen Rad geflüchtet. Fahrrad-Diebstahl ist beliebt, denn angesichts des Mangels an Öl und Benzin, an Ersatzteilen für Pkws und angesichts des völlig darniederliegenden Busverkehrs, sind Fahrräder zum wichtigsten Verkehrsmittel geworden. Wer eine neue Limousine über Nacht unverschlossen am Straßenrand parkt, kann davon ausgehen, das Gefährt am nächsten Morgen unversehrt wiederzusehen. Wer sein Rad nur für fünf Minuten aus den Augen läßt, muß damit rechnen, daß es gestohlen ist. Kubaner können Räder nur über eine Warteliste kaufen – oder gegen Devisen. Statt hundertdreißig Pesos kostet das China-Rad dann allerdings hundertdreißig Dollar, etwa das Fünfzigfache. Die Leute gehen nicht mehr in die Oper, aus Angst ihr Rad unbeaufsichtigt zurücklassen zu müssen, und schleppen die schweren Vehikel mehrmals täglich bis in die 14. Etage.

Diebstahl oder Handtaschenraub gelten als Kavaliersdelikt, solange die Opfer Touristen sind. Die Konsulate berichten von einem Anstieg der Delikte und warnen Besucher, Taschen bitte nicht locker am Arm zu tragen. Eine deutsche Reporterin wurde während eines mehrwöchigen Aufenthalts gleich zweimal beraubt. Die Kalkulation der Täter: Ein »guter« Tourist hat seine gesamte Reisekasse bei sich, also etliche hundert Dollar. Und ein »schlechter« Urlauber? Mit weniger als zwanzig Dollar wird auch er sich nicht auf die Straße wagen. Bei einem durchschnittlichen Monatslohn von umgerechnet drei bis vier Dollar ist so eine Beute bereits ein Vermögen.

Ähnlich wie in der DDR wurde auch auf Kuba die niedrige Verbrechensrate lange Zeit als eine Errungenschaft des Sozialismus gefeiert, war man doch weit entfernt von den Zuständen im nahen Miami oder den Metropolen Mittel- und Südamerikas. Doch bereits vor der Dollarfreigabe im Juni 1993 bekannte die Zeitung der Jugendorganisation der kommunistischen Partei, *Juventud Rebelde:* »Wir müssen zugeben, daß die Kriminalität seit den siebziger Jahren steigt.« Es muß eine schmerzhafte Erkenntnis gewesen sein. »Obwohl das Verbrechen eine dem Sozialismus ganz und gar fremde Sache ist, und die Gleichheit aller Menschen in bezug auf Produktion und Arbeit garantiert ist, erhält offensichtlich nicht jeder die gleichen materiellen Güter.« Siebzig Prozent der Täter seien zwischen sechzehn und dreißig Jahre alt, hieß es. Havannas Einwohner verriegelten Türen und Fenster mit Eisengittern, und sie hätten Angst, von Straßenhändlern reingelegt zu werden, berichtet das Blatt. Allerdings seien Raubüberfälle auf Radfahrer und der Diebstahl von staatlichen Kühen mit Gefängnisstrafen von zehn bis zwanzig Jahren bestraft worden. Vor zwei Jahren habe es in der Partei sogar Überlegungen gegeben, aus dem zunehmenden Diebstahl Kapital zu schlagen: Der Diebstahl von zweihundert Dollar sollte fünfzig Dollar Strafe kosten. Fidel Castro fand die Idee nicht gut: Er wolle keine »Diebstahlssteuer«.

»Wenn es dunkel wird, trauen wir uns nicht mehr auf die Straße. Keine zehn Meter«, sagt der 42jährige Antonio, der mit seiner Familie in einem der berüchtigsten Viertel von Alt-Havanna wohnt.

Um zwanzig Uhr versperrt er die Haustür mit drei Riegeln und Schlössern. »Seit der Dollarfreigabe ist alles schlimmer geworden«, klagt der 28jährige Nelson. Er wohnt fünfzehn Kilometer außerhalb Havannas: Jeder habe Angst, nachts mit dem Bus in die Stadt zu fahren, sagt er, aber für ein Taxi fehle das Geld.

Im Gegensatz zu dieser trostlosen Situation im Sommer 1993 ließ sich bei weiteren Besuchen in späteren Jahren verblüfft feststellen, daß es nun überall private Restaurants gab und zahlreiche Privatautos fuhren, die gegen geringes Entgelt Fahrgäste von der Straße mitnahmen. An manchen Straßen parkten sogar gut sortierte Kioske, und Prostituierte standen nicht mehr offen am Malecón und an der Quinta Avenida.

Dank der Polizisten, die seit 1999 nun an jeder Straßenecke stehen, hat die Straßenkriminalität abgenommen – und die Angst davor wurde durch die Angst vor korrupten, völlig unberechenbaren Polizisten ersetzt. Neben Tourismus und Hotelindustrie sowie der Produktion kubanischer Musik gilt der Bau von Gefängnissen mittlerweile als eine der wenigen Wachstumsbranchen Kubas.

Im Sommer 1993 war davon noch wenig zu spüren. Dafür war der Mangel an Lebensmittel so drängend, daß man fast beschämt war, wenn Kubaner einluden und ihr letztes Mahl auf den Tisch stellten. Einmal war ich bei den Eltern eines Bekannten zu Gast, und die Mutter ließ sich nicht davon abbringen, mir das einzige Stück Kuchen zu geben. Mehr aus Achtung und Höflichkeit denn aus Hunger machte ich mich an das Stück, das offensichtlich tagelang im Kühlschrank gelegen hatte. Als ich schon etwa die Hälfte gegessen hatte, bemerkte ich plötzlich, daß die kurzsichtige Frau auf der Unterseite eine tote Küchenschabe mit in den Teig gebacken hatte. Mir fielen fast die Augen raus, aber ohne mir etwas anmerken zu lassen, aß ich alles – bis auf die Schabe – auf. Ein paar Tage später besuchte ich mit meinem Bekannten den Badeort Varadero. Irgendwann erreichten wir das damals neue Hotel Tuxpan, dessen reichgedeckte Buffettische sich unter der Last des reichhaltigen Angebots bogen: Er habe noch in keinem Land ein derart komplett ausgestattetes Lebensmittellager gesehen, sagte der Küchenchef des Hotels: Für Wochen und Monate lagere man alles, von Gewürzen aus Deutschland bis zu Fleisch, Tomaten, Kopfsalat, Eis – sogar Schwarzbrot, Mohnbrötchen und Brezeln würden eingeführt oder selbst gebacken.

Für die Rückfahrt nach Havanna, die mit einem Pkw etwa eine Stunde dauert, benötigen wir eine ganze Nacht – für Kubaner durchaus eine normale Reisegeschwindigkeit. Der private Lkw, der uns mitnimmt, soll um 22 Uhr abfahren. Bis alle Fahrgäste auf der Ladefläche Platz genommen haben, ist es 23.30 Uhr. Zwei Kilometer hinter Varadero fällt die Lichtmaschine aus. Wir warten eine Stunde. Bis 2.30 Uhr rumpelt der Lkw dann über notdürftig reparierte, allein gelassene Autobahnen. Dann werden wir von einer Polizeistreife gestoppt. Woher wir denn die Erlaubnis hätten, werden wir gefragt, denn private Lkws bekämen doch derzeit gar kein Benzin. Es müsse sich also bei unserem Lkw um einen illegalen Transport handeln, folgern die Polizisten und wollen das Kennzeichen abschrauben. Leider kann unser Fahrer das entscheidende Papier nicht finden, ein Schreiben der katholischen Kirche von Pinar del Rio angeblich, das die Fahrt autorisiert habe. Eine Stunde wird laut und handgreiflich verhandelt, dann zahlen unsere beiden Fahrer zweihundert Pesos Strafe. Immerhin haben sie zwanzig zahlende Fahrgäste, die zusammen etwa eintausendzweihundert Pesos gezahlt haben – etwa sechzig Dollar – für Kubaner ein kleines Vermögen. Man läßt uns weiterfahren, weil auf der Ladefläche fünf Kleinkinder schlafen und keine Milch an Bord ist.

Wer die Strapazen des kubanischen Alltags kennt, in dem muß das leichte Leben der Touristen Neid aufkommen lassen. Eines Abends läßt sich Almeida nach einigen Bieren und vielen vielen Marlboros zu einer für einen Mitarbeiter des Presseamts sehr seltenen und doch wohl ehrlichen Aussage hinreißen: Ja, sagt er, er hasse die Touristen dafür, daß sie sein Bier tränken, in seinen Hotels lebten, sich mit einem Fingerschnippen seine Landsfrauen anlachten. Er hasse sie dafür, denn all das gehöre den Kubanern. Aber es sei eben eine spezielle Zeit, die es zu überstehen gelte, und bei diesen Worten nimmt sein Gesicht einen Ausdruck an, als habe er gerade Galle gespuckt. Mein Bekannter, Oswaldo, klingt nicht mehr wütend, nur noch traurig, als er eines Abends auf der Dachterrasse des Hotel St. John sagt, er habe seit Jahren keine kubanische Bar mehr besucht. Da Dollars nicht legal waren, hätte er eine Einladung eines Ausländers gebraucht. Sonst wurden Kubaner nicht eingelassen.

Nicht alle Hotels gehören den Dollar-Touristen. Eine Ausnahme ist das Miraflores in Moa im Südosten der Insel. Dort sind Kubaner gänzlich unter sich, allerdings nicht ganz freiwillig, denn die Nickelstadt Moa ist in Kuba, was Bitterfeld in der DDR war: ein Ort, an dem niemand Urlaub machen will. Die Luft stinkt nach Ammoniak, die wunderschöne Natur ist durch Fabriken verschandelt, der Strand ist rot gefärbt durch den Nickel-Abbau, das Meerwasser verseucht, Fische gibt es nicht mehr. Weil aber das Hotel nicht völlig leerstehen darf, ist es für einige handverlesene Bürger Moas – verdiente Arbeiter, Offiziere und frisch Verheiratete – eine Auszeichnung, im einzigen Hotel der Stadt Urlaub machen zu dürfen. Da sitzen sie nun von zwölf bis drei Uhr, und warten auf ein kaltes, zähes Huhn.

Weil es – wiederum – weder Strom noch Wasser gibt, müssen sie zwei Stunden später bereits zum Abendessen erscheinen und wieder warten, denn wenn die Sonne untergeht, wird das einzige Restaurant geschlossen.

Die Freiluft-Discos entlang des Malecón, der Küstenstraße Havannas, donnern die Hits der US-Popcharts bis zum Morgengrauen gegen die Brandung des Meeres. Dann ist Ruhe, erlischt auch das bläuliche Flimmern in den Wohnzimmern der Hochhäuser: Ende der langen Fernsehnacht. Samstags gönnt das Staatsfernsehen den Kubanern zwei Spielfilme. Bis Ende der achtziger Jahre waren es vor allem russische Filme, seit Anfang der Neunziger sind es amerikanische: Billy Wilders »Irma la Douce«, Wolfgang Petersens »Shattered« und Bernardo Bertoluccis »Letzter Tango in Paris«. Die meisten Leute schlafen daher noch, als die Polizei am darauffolgenden Morgen, einem Sonntag, um neun Uhr auffährt und die Straßen notdürftig absperrt. Geweckt wird man vom Lärm der Lautsprecher: Kombinationen von Buchstaben und Nummern sind zu vernehmen, verbunden mit der Aufforderung, die geparkten Autos aus der Straße zu schaffen. Warum? Weil die Straße frei zu sein hat für ein Motorradrennen.

Motorradrennen? Die ganze Insel ist in Apathie verfallen, weil seit dem Zusammenbruch der Sowjetunion das billige Öl fehlt. Achtzig Prozent der Fabriken stehen still, alle acht Stunden wird der Strom für acht Stunden abgeschaltet, machmal auch für länger. In den Ministerien wird nicht mehr gearbeitet, die Mitarbeiter, heißt es, sollen ihre Arbeit zu Hause erledigen. Der Kühlschrank fällt aus, das für einen Monatslohn und mehr auf dem Schwarzmarkt erstandene Fleisch verfault. Fünfunddreißig Grad Hitze und kein kaltes Wasser, kein Ventilator, der die feuchte Luft schneidet. Statt alle zwanzig Minuten fahren Busse nur noch alle vier Stunden – sofern sie nicht irgendwo unterwegs liegengeblieben sind. Kommt dann endlich einer, ist er meist so vollgequetscht mit Leuten, daß kein Platz mehr zu finden ist. All das, weil es kein Öl gibt. Und Öl gibt es nicht, weil die Zuckerernte, Devisenbringer Nummer eins, zu dürftig ausfiel. Die Ernte war dürftig, weil es ein Unwetter gab und weil mangels Öl zuwenig Maschinen und Lkws eingesetzt werden konnten – Spirale der Mangelwirtschaft. Aber sonntags gibt es Motorradrennen: bereits das zweite innerhalb von zwei Wochen. Vier Stunden sausen Maschinen wie aus dem Museum um die Häuserblocks. Weil Privatautos keinen Sprit haben und die Besitzer keine Lust, sie wegzuschieben, verläuft das Rennen entlang geparkter Autos. Die Absperrungen sind dürftig: Zweimal zwingen Fahrräder die Teilnehmer zum Halten. Nummer zwei spielt mit den anderen Teilnehmern, läßt sich absichtlich in der vorletzten Runde ganz zurückfallen und gewinnt dennoch. Es ist eine ärmliche Veranstaltung mit einer Handvoll Teilnehmer, die die Zuschauer dennoch dankbar mit Beifall würdigen. Die Botschaft, die dahinter steht, ist eindeutig, wenn auch mehr Hoffnung als Gewißheit: Solange wir Rennen fahren, werden wir überleben.

Fleischeslust

Wo Kuhmörder länger im Gefängnis sitzen als Menschenmörder

Am frühen Abend drückt ein Regenschauer den Staub auf die Straßen. In der Luft hängt Mangoduft, und satt baumeln zwischen Bananenstauden Avocados von den Bäumen. Madeleine sitzt in der Küche ihrer Nachbarin Ana. Auf dem Boden liegt ein weißes Huhn mit gebrochenem Genick, die Füße zusammengeschnürt. Wie ein Lasso schleuderte Madeleine das Huhn, das sie am Hals gepackt hatte, durch die Luft, bis es im Hals knackte. Die Flaumfedern auf dem Betonboden hinter der Küche tanzen noch im zaghaften Wind. Madeleine hat Wasser aufgesetzt, um dem Huhn das Gefieder aufzuweichen. Da reißt jemand die Tür auf. »Gestern nacht, von Santa Maria aus, sind sie ins Wasser gegangen. Nicht mal der Ehemann hat etwas gewußt. Fatima und ihre zwei Kinder, tausend Dollar haben sie dem Kapitän der Nußschale dafür bezahlt, damit er sie durch die Straße von Florida schifft.« »Dios mio«, sagt Ana, »hoffentlich geht alles gut. Soviel Geld.«

Madeleine sagt, hätte sie tausend Dollar, sie würde ebenfalls ins Wasser gehen, mit ihrer kleinen Tochter, einem Mädchen mit gelbem Haar und breitem Lachen. Auf ein Floß würde sie sich und die Kleine setzen und notfalls paddeln helfen, rüber nach Amerika. Dann bricht Madeleine in Tränen aus. Die Nachbarin Ana legt ihr die Hand auf die Schulter und blickt sorgenvoll zu der Frau, die die Neuigkeiten von Fatimas Flucht überbracht hat und wegen ihres Asthmas und der Aufregung schnauft, als käme sie direkt von dem hundert Kilometer entfernten Strandstädtchen Santa Maria angerannt. Seit zwei

Monaten ist Madeleine verheiratet, ihr Mann sitzt seit einem Monat im Gefängnis von Camagüey, und solange Fidel Castro lebt, wird Madeleines Mann eingesperrt bleiben, 15 Jahre lang. Was soll Madeleine machen, fragen sich ihre Nachbarinnen hinter ihrem Rücken. Nach nur zwei Monaten scheiden lassen? Allein nach Florida abhauen? Weil ihr Mann eine Kuh umgebracht hat. Weil die Frauen keine Antwort wissen, sagen sie nur, daß sich schon alles richten wird. Madeleine, *hija,* mach dir keine Sorgen. Und manchmal holen sie den lieben Gott oder eine *santera,* eine afro-kubanische Priesterin, zu Hilfe, doch im Grunde haben sie sich fürs Warten entschieden, mit dem man in Kuba vielen Problemen beizukommen versucht.

Tony schreibt in seinen ersten Monaten viele Briefe aus dem Gefängnis. An Madeleine, an seine Mutter, seine Schwester, seine Nichte. Er versucht es mit guter Laune, erzählt lustige Geschichten aus der Gefangenschaft, Anekdoten, die oft schief daherkommen. Seiner Nichte schreibt er, daß die Gefängnisärztin ein Auge auf ihn geworfen habe. Der Mutter schreibt er, daß er in der Gefängnisküche arbeite und sich eine Extraportion schwarze Bohnen abzweigen könne, wenn auch auf Kosten anderer Häftlinge, Madeleine schreibt er meistens nur, daß er sie liebe und sie sich um ihn keine Sorgen zu machen brauche, und daß er nachts, wenn er nicht schlafen könne, an sie denke. Daß die Zuneigung der Ärztin merklich abgekühlt ist, seitdem sie bei Tony eine wütende Syphillis diagnostizierte, erzählt er nur seiner Nichte hinter vorgehaltener Hand bei einem ihrer Besuche, weil er zur Behandlung dringend Penizillin braucht, das es im Gefängnis nicht gibt. Und daß er Kakerlaken aus den Bohnen siebt, behält er ganz für sich.

Tony stahl seine erste Kuh vor fünf Jahren. Er legte immer weitere Strecken zurück und trieb das

Vieh dann über Schienenwege zurück nach Hause in den Stadtteil Eden von Camagüey, wo es von der Familie geschlachtet und verkauft wurde. Beim Filettieren, kurz nachdem er der Kuh einen Schnitt unter dem Hals versetzt, ihr in die Eingeweide gegriffen und das Herz abgedrückt hatte – bis das Tier fast friedlich die Augen schloß – kam die Polizei. Es war an einem heißen Sonntag. Tony war denunziert worden von einem anderen Viehdieb, und es half nichts, daß einer der Polizisten, der sich bei der Verhaftung im Hintergrund hielt, regelmäßig Rindfleisch von Tony gekauft hatte und ihm nur einmal zugeflüstert hatte, er solle das Fleisch wenigstens nicht in die Staatszeitung *Granma* einwickeln.

Als die Polizei Tony mitnahm, steckte er Madeleine schnell ein bißchen Geld zu. »Tu was damit«, sagte er, »du mußt eine Weile für dich selbst sorgen.« Sie kaufte davon einen Handkarren voll grüner Paprika, die sie auf der Straße zu verkaufen beabsichtigte. Von dem Gewinn wollte sie wieder Gemüse kaufen, sie sah sich bereits als Kauffrau. Über Nacht lud sie die Paprika in ihr Wohnzimmer, am nächsten Tag war der Paprika-Berg schwammig und roch süßlich, und der Mann, der es ihr verkauft hatte, sagte nur, sie hätte das Gemüse doch gesehen, bevor sie es gekauft hätte, und Geld zurück gebe es nicht.

Madeleine wußte, daß Tony gefährlich lebte, als sie ihn heiratete – da war sie 22 und Tony 30. Tony suchte sich auf den fremden Kuhwiesen stets das kräftigste Tier aus. Nachts trieb er es unter zischendem Flüstern zurück zum Schienenweg, tagsüber hielt er sich versteckt, vorzugsweise am Wasser, dort war die Kuh am ruhigsten. Er mußte schnell sein, er mußte unterwegs bestechen, einen Teil des Gewinns aus dem Verkauf der Kuh ausgeben, bevor er ihn verdient hatte. Jeder, der ihn sah, wußte, daß die Kuh gestohlen war. Die Kuhherden Kubas sind staatlich, und die Bauern, die in Strohhütten auf den

Weiden der Kuhherden wohnen, leben von zehn Dollar im Monat. Manchmal erhält ein Bauer als Bonus eine eigene Kuh, doch das passiert selten, und die wird nicht durch die Landschaft getrieben. Bauern klauen auch von den eigenen Herden. Sie melden das Vieh dann als gestohlen. Wer den dünnen, von den Strapazen der Reise ausgemergelten Tony sah, traute ihm kaum zu, daß ihm die Kuh, die er vor sich hertrieb, rechtmäßig gehörte. Doch die Leute, denen Tony unterwegs begegnete, aßen selbst das Fleisch von gestohlenen Kühen. Und solange sie niemand beim Wegsehen sah, schauten sie weg. »Wer Fleisch will, muß das Begehen von Verbrechen tolerieren oder ignorieren«, sagt Madeleine. Sie findet, daß viele Mitschuld tragen daran, daß Tony jetzt im Gefängnis sitzt.

Tony hatte keinen Rechtsanwalt während seiner Verhandlung. Dazu fehlte ihm und seiner Familie das Geld. Er verteidigte sich selbst, das schien ihm besser, denn im Grunde arbeiteten die Verteidiger wie die Staatsanwälte für den Staat. Doch was konnte er bei seiner Verteidigung sagen? Daß er eine neue Frau hatte, die ein Kind mit in die Ehe gebracht hatte. Daß die staatlichen Essensmarken nicht einmal bis zur Monatsmitte reichten. Genau das sagte er, und seine Nichte meint, er habe tatsächlich geglaubt, das könne ihm helfen. Der Richter verpaßte ihm 15 Jahre Zuchthaus. Er habe gegen die Grundsätze der Revolution verstoßen. »Scheiß-Revolution«, sagte Tony zum Schluß, was den Richter zu einer heftigen Standpauke veranlaßte, die damit endete, daß der Richter ihn einen Verräter der Revolution nannte, wofür Tony fünf Jahre zusätzlich bekommen hätte können, und ein wenig wertete es Tony als Erfolg seiner Verteidigung, daß es der Richter bei den 15 Jahren beließ.

Tonys Mutter, eine schmale, kettenrauchende Frau, dünn, braun und faltig wie ein Herbstblatt im

Straßengraben, mit zentimeterkurzem Haar und mit ihren 55 Jahren bereits zahnlos, kann ihren Sohn nicht im Gefängnis besuchen. Es würde sie zu traurig machen, sagt sie. Die Briefe, die Tony ihr schreibt, liest ihr die Nichte vor, denn das meiste, das Tonys Mutter während der Alphabetisierungskampagne nach der Revolution beigebracht wurde, hat sie vergessen. Wenn die Nichte liest, steigen milchartige Tränen in die Augen der Frau, die sie mit den harten, dünnen Fingern wegwischt. Madeleine hat ihr gesagt, sie würde Tony nun verlassen. Daß sie nun an ihr eigenes Leben denken müßte. »In 15 Jahren bin ich Ende Dreißig«, sagt sie. »Er ist ja kein Verbrecher«, sagt sie der weinenden Mutter, »doch das Land wird ihn immer als Antirevolutionär bezeichnen, und ich und mein Kind werden automatisch zu Antirevolutionären«. Die Mutter sagt, sie nehme es Madeleine nicht übel, und irgendwie habe sie von jenem Sonntag an, an dem Tony abgeholt worden sei, gewußt, daß Madeleine nicht warten könne, daß sie den Sohn verlassen und wieder Revolutionärin werden würde.

So eine Floßreise nach Florida, wie sie Fatima unternommen hat, könnte viele der Probleme von Madeleine lösen. »In Camagüey leben wir wie Kinder vor der Volljährigkeit. Alles, was uns gegeben wird, kann uns auch wieder weggenommen werden«, sagt Madeleine. In Amerika stellt sie sich vor, könnte ihr Erwachsenenleben beginnen. Vorausgesetzt, daß sie ankommt in Florida und das Boot nicht untergeht.

Madeleine glaubt zu spüren, daß viele ihrer Nachbarn finden, es sei schon richtig, was mit Tony passiert sei, schließlich habe er sich gegen die Revolution gestellt. Neulich gab es eine Insektenplage in Camagüey. Das Gerücht machte die Runde, daß die *yanquis* sich wieder einmal eine perfide Attacke gegen die Insel ausgedacht hätten, die diesmal eben ihre Wirkung in Camagüey in Form kleiner grüner

Insekten zeige. Nie wurde von offizieller Seite eine solcher Anschuldigung geäußert, und trotzdem saß der Verdacht hartnäckig. An der plötzlichen und für deren Seelenfrieden wohltuenden, geringen Wertschätzung Tonys durch die Leute, änderte auch die Tatsache nichts, daß die Nachbarn stets von ihm Fleisch kauften. »Tony, so denken die, hat verdient, was ihm zugestoßen ist, und weil sie alle schon einmal Fleisch von ihm gekauft haben, können sie nur meinen, daß er eben den Fehler begangen hat, erwischt zu werden«, sagt Tonys Nichte, ein stilles zwanzigjähriges Mädchen. Mit ihr werden Probleme in Tonys Familie zuerst besprochen. Und auch Ana, die Zimmer in ihrem Häuschen an Touristen vermietet und deswegen immer ein paar Dollar mehr als die anderen hat und es sich leisten kann, Rindfleisch im Devisensupermarkt zu kaufen, sagt, irgendwie müsse ja noch für Ordnung gesorgt werden, und Tony wußte von dem Risiko, und im Grunde wußte ja auch Madeleine davon, als sie ihren Tony heiratete. Und Madeleine fängt an, ein bißchen wütend auf Tony zu werden, und sie empfindet so was wie Dankbarkeit für ihre Nachbarn. Der Gedanke, nach Florida zu gehen, verwischt sich wieder.

In der Provinz Matanzas, eine Autostunde von Havanna entfernt, steht das Denkmal einer Holsteiner Kuh mit einem prallem Euter aus Granit. Fidel Castro hat Pikirigua, so hieß die Kuh, der das Denkmal gebaut wurde, im Stall besucht. Zehn Jahre lang flossen unerhörte Mengen Milch aus ihrem Euter. Wie die Erfolge der Zuckerernte, fand auch Pikirigua häufig Eingang in die Reden von Fidel Castro. Als sie starb, erschien in der Staatszeitung ein Nachruf auf die Kuh. In Kuba, das haben die Kubaner in dieser Zeit gelernt, ist eine Kuh nicht einfach nur eine Kuh. Durch Pikirigua wurde sie zu einem kommunistischen Emblem. Tony teilt sich seine Zelle mit acht anderen Kuhschlächtern. Die Mörder in dem Gefängnis von Camagüey sitzen so lange wie Tony und seine Zellengenossen.

Nach der Verurteilung Tonys umarmte Madeleine Tonys kleine dürre Mutter. Die Nachbarn standen mit einem »Kopf hoch«, oder einem »Wird schon« dabei, Ana hatte ein frisches Huhn gekauft, das man mit Madeleine essen wollte. Madeleine nahm das Armumlegen und Schulterklopfen entgegen wie Kleingeld.

Schon bald durfte Madeleine eine Nacht im Gefängnis bei ihrem Mann verbringen. Dafür werden Pavillons zur Verfügung gestellt, Holzhütten mit einem Bett, einem Tisch und zwei Stühlen. Madeleine bringt ein Picknick. Brot, Schinken, *Tropi-Cola* und einen großen süßen Kuchen. Von sechs Uhr abends bis sechs Uhr morgens dauert ihre Gefängnisnacht. Tonys Nichte schwieg. Sie ließ das Penizillin unerwähnt. Wie auch hätte sie es erklären können. Als Madeleine am nächsten Morgen mit geröteten Augen zurückkehrt ins Haus, denkt auch die Nichte, daß mit einer Reise durch die Straße von Florida viele Probleme gelöst werden könnten.

Hunger nach etwas

Kubas Juden geht es so gut wie nie seit der Revolution – und doch wandern sie in Scharen nach Israel aus

Der Alte mit den rotblonden Haaren kam mit schlurfenden Schritten näher. Reichte die Hand und sagte, er heiße Moische. Dabei setzte er sich in die letzte Bankreihe und begann zu murmeln und zu seufzen. Er sprach davon, daß er gerne Milch trinken würde, aber es auf Kuba für alte Leute wie ihn schon lange kaum mehr etwas zu essen gebe. Mitunter gewann sein klagender Brummton solche Kraft und Lautstärke, daß sich die Leute in den vorderen Bänken irritiert umdrehten und zischten: »Moische! Ruhe!« Doch die Betenden schienen ihn nicht zu interessieren.

Wie jeden Samstag vormittag hatten sich die Juden Havannas zur Sabbathfeier in der Synagoge im Vedado-Viertel versammelt. Obwohl herrlich gelegen inmitten verwunschener Palmengärten, machte die größte der drei jüdischen Gemeinden Havannas damals, vor einigen Jahren, nur von außen einen halbwegs passablen Eindruck. Das Dach war eingefallen und gab den Blick zum Himmel frei. Die Sitze waren zerschlissen und von Termiten zerfressen. Vögel nisteten hinter Balken, Taubendreck fiel während der Feier auf die Thora. Etwa dreißig bis fünfzig Gläubige saßen in den ersten drei der einundzwanzig Bankreihen. Zwei Jugendliche lasen auf hebräisch aus der Thora und trugen ihre Gebete vor. Eineinhalb Stunden lang. Moische harrte geduldig aus. Er rückte die schwarze Jarmulke auf seinem Kopf zurecht und klagte – ein klein wenig leiser – unbeirrt weiter. Mit jedem Satz, mit jedem Seufzen, mit jedem Atemzug war deutlich ein bitterer Geruch wahrnehmbar, der an Galle und Magensäfte erinnerte. Es war der Geruch eines leeren Magens. Moische sagte, er habe seit zwei Tagen nichts gegessen. Es war sein Hunger, der ihn in die Synagoge trieb. Und doch schien die Lage der jüdischen Gemeinde nicht wirklich trostlos. Denn pünktlich um zwölf Uhr gingen die Gläubigen gemeinsam in den Keller. Dort gab es Suppe mit Kartoffeleinlage, Nudeln, Gelatine und Saft. Ein durchaus üppiges Mahl für kubanische Verhältnisse.

Daß nicht nur das Gebet, sondern auch das Essen ein überzeugender Grund für den Besuch der Synagoge ist, wissen die Leiter. Einer der Verantwortlichen, Moises Aises, pflegte die Situation mit einem Witz zu umschreiben: »Was sind die Errungenschaften der Revolution? Gesundheitsvorsorge, Bildung für alle und herausragende Sportlichkeit. Und die Fehler? Frühstück, Mittagessen und Abendessen.« In einem Land, in dem chronischer Mangel an Fleisch herrscht, ist das Recht auf eine koschere Schlachterei ein besonderes Gut. Freilich, die Versorgung der Gemeinde klappte oft nur unzureichend: Zum Passahfest mußte koscherer Wein mitunter mit einem Privatflugzeug von den USA nach Havanna eingeflogen werden, weil die US-Behörden die Einfuhrgenehmigung zu lange hinauszögerten. Statt Lamm wurde Huhn verzehrt. In den achtziger Jahren wurden Vorschriften geschickt neu interpretiert. Als sich statt der vorgeschriebenen zehn oft nur acht alte Männer zur Sabbathfeier einfanden, entschieden sie pragmatisch: »Gott ist mit uns, also sind wir neun. Und dann ist da auch noch die Thora, macht also zehn.« Seit 1994 etwa gehe es wieder bergauf mit dem Gemeindeleben, sagt José Miller, der Präsident der Gemeinde. Aus Mexiko und Argentinien kamen Rabbiner und glaubensgewandte junge Juden, die einen Rabbiner zu ersetzen versuchten. Jüdische Gemeinden in Florida und Kalifornien halfen beim Aufbau des religiösen Lebens, denn einen eigenen Rabbiner kann sich die kubanische Gemeinde nicht leisten.

Höhepunkt all dieser Bemühungen ist nun, immerhin, die Einweihung der renovierten Synagoge an einem Wochenende im Mai 2000. Stolz führt Diego Mendelbaum durch die renovierten Räume. Der junge Argentinier hat den Umbau im Auftrag einer jüdischen Hilfsorganisation zweieinhalb Jahre vorangetrieben. Fenster, Bänke, Altar – alles ist neu. Statt getrennter Räume für Frauen und Männer gibt es jetzt ein kleines Kino und einen Computerraum. Nur die Geräte fehlen noch. Es gebe sogar Pläne, angrenzende Grundstücke zurückzukaufen, sagt Mendelbaum. Denn den eigenen Unterhalt konnte die Gemeinde nur finanzieren, indem sie Teile ihres Zentrums an die Regierung vermietete. Einheimische verwechseln das Zentrum daher oft mit dem angrenzenden Theatro Café Brecht oder einer Ballettschule. Manche Juden wollten den Verkauf des heiligen Bodens nie verstehen und haben die Leiter des Zentrums gar als »Mörder« beschimpft.

Das Urteil klingt seltsam und überaus hart, bedenkt man, daß die Gemeinde ihre Existenz jenen Kompromissen verdankt, zu denen sich Flüchtlinge und Exilanten gezwungen sehen. Schließlich sind vor über hundert Jahren viele Juden aus der Türkei, aus Spanien und vor allem aus Osteuropa nach Kuba ausgewandert, um von dort auf Einlaß in die USA zu warten. In den dreißiger Jahren gab es vier jüdische Zeitungen in Havanna, jiddische Konditoreien und zahlreiche Vereine und Verbände. Während des Zweiten Weltkriegs war Kuba – neben Schanghai – zeitweise der einzig mögliche Fluchtpunkt für Juden. Bis 1938 waren etwa fünftausend deutsche Juden nach Kuba geflüchtet. Die in Berlin aufgewachsene Bianca Berger war 37 Jahre alt, als sie im Januar 1939 nach Havanna ausreisen mußte. Noch über fünfzig Jahre später hat sie ihre Adresse im Kopf: Calle 4, Numero 158, Vedado. Die vierhundert Dollar, die sie und ihr Mann für die Visa zahlen mußten, waren alles Geld, das sie hatten. Zwei Jahre verbrachte die Familie auf Kuba. Quote aussitzen, nannte man das. Es war ein anspruchsloses Leben. Nach der Siesta haben sie Bonbons gewickelt, die sie dann gegen Rasiercreme, Wurst oder Kaffee tauschten. Alle 14 Tage holte Bianca Berger 14 Pesos Sozialhilfe ab – heimlich, denn ihr Mann sollte nicht mitbekommen, daß die Familie auf Almosen angewiesen war. Den Besuch im jüdischen Treffpunkt Moyshe Pipik (»Moisches Bauchnabel«) in der Altstadt konnten sie sich kaum leisten. Und die Besitzer des Restaurants wußten das und haben sie oft gar nicht erst reingelassen oder aber sofort die Blumen vom Tisch genommen. Die schönsten Momente, sagt Bianca Berger, das waren die Busfahrten entlang des Malecón. Der Blick auf die Uferpromenade und aufs weite Meer erinnerte sie daran, daß sie den Nazis entkommen war. Aber Kontakte zu Kubanern beschränkten sich aufs Nötigste: Wozu Freundschaften schließen, wo man doch jeden Augenblick weiterwollte? Die beiden Töchter schickte sie auf eine amerikanische Schule – man lebte in der Zukunft, so gut es ging. Das gelang nicht immer: Etwa zwei Monate nach ihrer Ankunft war sie bei deutschen Nachbarn zu Gast. Auf dem Weg zur Toilette erschrak sie. Im Korridor hing das Porträt Adolf Hitlers, von einer Lampe wie ein Heiligenbild angestrahlt. »Nach diesem Erlebnis wollten wir von den anderen Deutschen nichts mehr wissen.«

Ihre Erfahrungen sind beispielhaft für die Situation auf Kuba: Einerseits hat Kuba Juden aufgenommen, als selbst die USA Hilfe verweigerten. Andererseits haben die Behörden kräftig für die Visa kassiert und duldeten vor Ort sogar einen örtlichen Ableger der NSDAP, der Stimmung gegen die Exilanten machte. Wie der Großteil der Juden war Bianca Berger daher nach dem Krieg schnell in die USA übergesiedelt.

Viele, die blieben, machten sich selbständig und hatten daher nach Fidel Castros Revolution nur die Enteignung zu erwarten. Also verließen schließlich auch viele jener fünfzehntausend Juden, die bis 1959 auf Kuba geblieben waren, die Insel. Bis Anfang der neunziger Jahre schien das jüdische Leben langsam aber sicher auszusterben. Erst nachdem 1991 auch Mitgliedern der Partei freigestellt wurde, ihren Glauben auszuüben, erhielt das Zentrum regen Zulauf. Es erteilte den Neuen Glaubensunterricht und lehrte sie, wie man koscher kocht und Essen segnet. »Wir erinnern die Leute daran, daß sie Juden sind«, sagt einer der aus Buenos Aires gesandten Quasi-Rabbiner. Dabei sollen auch die zwölftausend Judaica, Lehr- und Glaubensbücher, in der Bibliothek im Keller helfen.

Die Eltern der Bibliothekarin, Adela Dworin, kamen in den zwanziger Jahren aus Weißrußland. Zusammen mit anderen Einwanderern aus ihrer Heimat – darunter dem Vater des heutigen Gemeindepräsidenten José Miller – gründeten sie das Zentrum im Vedado. Adela Dworin ist eine der wenigen, die all die Jahre über ausgeharrt haben, und fungiert heute als Millers Vize. Jahrelang war die heute 61jährige die Jüngste in der jüdischen Gemeinde, mußte den Verfall mitansehen. Bis der vierte Parteikongreß 1991 die Ausübung des Glaubens erlaubte, war sie von lauter alten Männern und alten Frauen umgeben, sagt sie. Sie wuchs nach dem Zweiten Weltkrieg auf, als das Reisen in die USA kinderleicht war und so schnell ging wie eine Fahrt in die kubanischen Ferienorte. »Ich war in Miami noch ehe ich Varadero kannte«, sagt sie. Nach der Revolution haben ihre Eltern die Insel verlassen. »Sie gingen im Glauben, daß die USA keinen kommunistischen Nachbarn dulden würden und in spätestens sechs

Monaten alles vorbei sein würde und sie dann zurückkehren könnten.« Adela Dworin ist allein zurückgeblieben, um ihr Jurastudium abzuschließen. Das war 1961. Ihre Eltern, sagt sie, »warten bis heute auf Castros Ende.« Es sollten immerhin 35 Jahre vergehen, bevor sie ihre Verwandten in den USA 1996 erstmals wieder besuchen konnte.

In Havanna gibt es drei Gemeinden, davon ist eine orthodox. »Sie nennen sich orthodox, aber sie sind es nicht wirklich«, sagt Adela Dworin. Sie gingen nur lieber in der Altstadt in die Synagoge. »Sie kennen vielleicht diesen Witz«, sagt die Bibliothekarin. »Wo immer drei Juden leben, gibt es vier Synagogen.«

Was in anderen jüdischen Gemeinden selbstverständlich scheint, wird auf Kuba zur Aufgabe: Schulen haben nie über den Holocaust unterrichtet. Das führte zu scharfer Kritik aus den USA. Doch die Kubaner vor Ort geben sich tolerant. »Ich bin zufrieden, solange sie den Holocaust nicht leugnen«, sagt Miller. »Es ist nicht meine Aufgabe, Streit zwischen der jüdischen Gemeinde und den Behörden vom Zaun zu brechen.« Vor einigen Jahren hat die Gemeinde KZ-Überlebende eingeladen, um etwas über ihr Leiden und ihren Überlebenskampf zu erfahren. Die in Kalifornien lebende Hella Roubicek trug damals ihre Erfahrungen einer gescheiterten Flucht vor. Den Titel »The Voyage of the St. Louis« hatte sie schwarz gerahmt – wie eines Todesanzeige. Aufgewachsen in Frankfurt/Oder, war sie als 13jährige mit dem berühmten Schiff St. Louis auf dem Weg nach Havanna aufgebrochen. Großmutter, Tante, Cousine, Mutter und Tochter borgten Geld und zahlten zweihundert Dollar für Visa, die sich später – wie alle anderen Visa – als gefälscht herausstellen sollten. Niemand durfte das Schiff verlassen. Hella Roubiceks Vater, der voraus gereist war und ihre Ankunft sehnlichst erwartete, fuhr mehrmals täglich in einem kleinen Boot raus zur St. Louis. Wie alle Angehörigen saß er da im Boot und schrie gegen die anderen Angehörigen an. »Keine Angst, die Landeerlaubnis wird sicher morgen erteilt.« Wenn nicht morgen, dann ganz sicher übermorgen. Mehr als eine Woche verging, ohne daß jemand an Land durfte. Statt zu landen, mußte die St. Louis schließlich kubanisches Gewässer verlassen. Tagelang versuchte der Kapitän, das Schiff in amerikanisches Gewässer zu leiten. Doch auch das schlug fehl. Schließlich mußte die St. Louis nach Europa zurückkehren und bis auf Hella Roubicek und einige wenige wurden alle Passagiere in den Konzentrationslagern ermordet.

Alle Welt kennt diese Geschichten. Nur auf Kuba hat sich lange Zeit niemand dafür interessiert. Nun will die jüdische Gemeinde solche Erfahrungsberichte als Buch veröffentlichen. Als kubanische Behörden antisemitische Bücher veröffentlichten, betonte Dworin, diese Bücher seien immerhin weniger antisemitisch als manche Zeitungen in anderen Ländern Lateinamerikas. Antisemitismus habe es auf Kuba kaum gegeben, sagt auch sie. Das heißt nicht, daß sie Unterdrückung und Gängelung durch die Behörden völlig in Abrede stellen würde. Sie kann sehr wohl verstehen, daß viele Juden ihren Glauben jahrelang nicht mehr oder nur noch heimlich ausübten. »Angst ist etwas, das man gefühlt haben muß, um es zu verstehen«, sagt sie nur. Und will nicht allzuviel darüber reden. Ältere Juden erinnern sich jedenfalls noch gut daran, wie sie mehr und mehr gegängelt wurden, als sich Kuba während der Kriege im Nahen Osten auf die Seite Syriens und der PLO schlug und Israel als Terroristenstaat verurteilte. Einer berichtet, einige seiner Freunde seien wegen ihrer Zugehörigkeit zu einem zionistischen Verein von der Universität geflogen. Er sei dann nicht mehr zu den Sabbathfeiern gegangen.

Die Sonne geht gerade unter, als José Altshuler

den Reporter in sein Arbeitszimmer führt, das voller Bücher ist. Seine Wohnung liegt direkt am Malecón. Es weht ein starker Wind vom Meer her durch das Zimmer. Altshuler setzt sich in seinen Schaukelstuhl, seine drei Hunde legen sich zu seinen Füßen. Antisemitismus, sagt der Wissenschaftler dann und beginnt zu wippen, habe es auf Kuba nie gegeben. Der unter Katholiken weit verbreitete Haß auf jene, die Jesus umgebracht haben, sei hier kaum ausgeprägt. Auch unter dem Israel-feindlichen Castro habe es Antisemitismus nicht gegeben, sagt Altshuler. Er selbst sei Jude und damit der beste Beweis dafür. Immerhin gehörte er der Regierung an, leitete das Raumfahrtprogramm. Allerdings wurden nur solche Juden in hohe Regierungsämter aufgenommen, die ihren Glauben nicht praktizierten. Altshuler habe einen kommunistischen Background, sagt Adela Dworin. »Er ist kein Gläubiger. Er kommt nur zu den höchsten Festtagen in die Synagoge.«

Im Grunde interessieren sich heute aber weder Besucher noch Gemeindemitglieder besonders für das englischsprachige, sechsbändige Werk über die Shoa oder den in Leder gebundenen, deutschsprachigen Tausend-Seiten-Wälzer »Jüdische Sprichwörter und Redensarten«. Die ganze Aufmerksamkeit gilt einem Holzverschlag gleich hinter der Tür: In sechs kleine Regalnischen hat Adela Dworin Medikamente, Leuchter, Kerzen und Süßes geräumt. Ein kleines Schild macht deutlich, daß sie den Zugang zum Schatzkästchen streng kontrolliert. Nachschub kommt aus den USA.

Daß amerikanische Organisationen und Reiseunternehmen den Besuch der jüdischen Gemeinde zum festen Bestandteil gemacht haben, sei »fast schon grotesk«, klagt der Historiker Robert M. Levin, der sich an der University of Miami mit Kubas Juden beschäftigt hat. Jeden Freitag komme eine andere Gruppe von Touristen und bestaune die Synagoge, als wäre sie ein Museum. Doch José Miller und Adela Dworin sind die *yanquis* sehr willkommen. Mittfünfziger in gestreiften Shorts und Golfhemden. Sie tragen Strohhüte auf dem Kopf und Pakete unter den Armen. Sie bringen »Happy-Hanukka«-Silberfolien, Aspirin und Olivenöl. Miller begleitet die Amerikaner in die Bibliothek, wo Adela Dworin schon auf sie gewartet hat. Nachdem sie gegangen sind, klingelt das Telefon: »Ah, du kommst also?« Adela Dworin klingt erleichtert über den Anruf aus Florida und sagt: »Bring noch hundert Plastiktüten mit – die brauchen ja kaum Platz. Und ein Gerät zum Blutdruckmessen. Wir haben viele Diabetiker hier.«

Wenn es etwas gibt, das die Feier an diesem Wochenende trübt, dann die Gewißheit, daß die Gemeinde in den vergangenen Jahren nicht nur viele neue Mitglieder gewonnen, sondern auch sehr viele verloren hat. Die Ausreise ist ein Thema, das Miller und Dworin meiden, obwohl Miller mit Hilfe seiner drei Söhne ein diplomatisches Netz von Havanna nach Miami, Toronto und Jerusalem geknüpft und dadurch die Ausreise entscheidend erleichtert hat. Etwa fünfhundert Juden, also etwa einem Drittel aller auf der Insel lebenden Juden, wurde die Ausreise genehmigt. Die letzten sollen sich jetzt im Juni auf den Flug nach Tel Aviv begeben. Weil das Programm von einer kanadischen Diplomatin ausgehandelt wurde, die einen von Millers Söhnen heiratete, konnte man vieles im Familienkreis arrangieren – obwohl es keine direkten diplomatischen Beziehungen zwischen Kuba und Israel gibt. Diplomaten verständigten sich mit Codes: »Wieviele Zigarren sind es diese Woche?« fragte die israelische bei der kanadischen Vertretung an. »Zwanzig Zigarren«, hieß es dann. Als die sogenannte »Operation Zigarre« im Herbst 1999 weltweit Schlagzeilen machte, fürchtete Miller um die Gültigkeit der ausstehenden Genehmigungen. Doch wider Erwarten habe es keine Probleme gegeben, sagt Miller.

Nicht jeder der nach Israel Ausgereisten blickt dankbar zurück: Edwin Sanchez Perez, 24, sagt, er habe eineinhalb Jahre auf sein Visum warten müssen. Er genieße seine Freiheit in Israel. Hier gehe er nicht mehr in die Synagoge – das sei nichts für ihn. Aber auf Kuba habe er sich stets unter Beobachtung gefühlt. »Wäre ich nicht in die Synagoge gegangen, hätte man mich nicht ausreisen lassen«, glaubt er. Nicht, weil die Behörden ihm die Ausreise verweigert hätten, sondern weil die Leiter der jüdischen Gemeinde ihren Segen geben mußten.

Ein Dorn im Fleische Kubas

Eine Provokation namens Guantanamo

Die heiße Augustsonne heizt die Luft an diesem Vormittag auf wie in einer Sauna. Reynaldo Escacena genießt den winzigen Luftzug, der ihm beim Wippen im Schaukelstuhl auf seiner Veranda die Stirn kühlt. Um von seinem Haus in der Calle Marina 242 in Caimanera zum Meer zu gelangen, muß er nur die Hauptstraße überqueren. Zu den Amerikanern ist es nicht viel weiter: achthundert Meter vielleicht, nicht mehr. In der Bucht von Guantanamo unterhalten sie eine riesige Militärbasis. In der kleinen Frontstadt Caimanera stoßen beide Welten aufeinander: kapitalistische USA und sozialistisches Kuba.

Amerikaner und Kubaner mögen sich noch so sehr hassen – hier in der Bucht von Guantanamo, im äußersten Südosten der Insel, müssen sie seit Jahrzehnten miteinander auskommen. Denn hier trennen sie nicht hundertfünfzig Kilometer Meer, sondern nur Minen und Stacheldraht. Einige arbeiten sogar zusammen – Jahrzehnte nach Castros Abkehr von den USA. 23 Kubaner arbeiteten noch heute auf der Basis, sagt Hugo Iglesias, der kommunistisch-sozialistische Parteichef in Guantanamo. 21 lebten in Guantanamo, das alle Welt durch José Martis Lied »Guantanamera« vom traurigen Mädchen aus Guantanamo kennt. Zwei lebten in Caimanera, sagt Hugo Iglesias. Ein Bus bringt sie jeden Tag von Caimanera und Guantanamo nach Amerika. Nur die letzten Meter müssen sie zu Fuß gehen. Ich möchte sie treffen, mit ihnen über ihre ungewöhnliche Arbeitssituation sprechen: Immerhin sind sie die einzigen Menschen, die direkt über diese Grenze gehen dürfen. Jeder andere, der von Guantanamo ins zwanzig

Kilometer entfernte Gitmo will, wie die Militärbasis von den Amerikanern genannt wird, muß erst nach Santiago de Cuba fahren, von dort nach Havanna und weiter nach Miami und schließlich nach Norfolk, Virginia, fliegen. Auf dem Militärstützpunkt in Norfolk muß man sich die Erlaubnis holen, auf einen der zwei wöchentlichen Flüge ins zwölfhundert Meilen entfernte Lager nach Gitmo fliegen zu dürfen. Wenn alles so schnell wie nur möglich geht, ist man vier Tage später wieder dort, wo man losgezogen war.

Mit den auf Gitmo arbeitenden Kubanern sprechen? Das gehe leider nicht, wehrt der Parteimann ab. Ihre Namen seien geheim. Der Kontakt mit Ausländern sei ihnen vertraglich verboten. »Wenn du ihre Rente übernimmst, kannst du mit ihnen sprechen«, sagt Almeida Bosque, mein staatlicher Führer und Dolmetscher, als drohe ihnen prompt die Entlassung. Man fragt sich, wer von beiden, die amerikanische oder die kubanische Behörde, nicht gerne über diesen Punkt spricht, der dem sonst so fanatisch harschen Ton ihrer gegenseitigen Beschuldigungen widerspricht. Klar ist hingegen, daß hinter der ungewöhnlichen Erlaubnis Kubas, ihre Landsleute für den Klassenfeind arbeiten zu lassen, handfestes kommerzielles Interesse steckt: Die Arbeiter erhalten fünfhundert bis achthundert Dollar Monatslohn, die sie dem kubanischen Staat geben müssen. Der bezahlt sie dann in Pesos – so kommt der Staat billig an Devisen. Mitunter wurden die letzten verbliebenen Grenzgänger in ihrem Wohnort gegängelt – was die Geheimnistuerei erklären könnte. Nur an ihrem allerletzten Arbeitstag werden sie belohnt: Dann dürfen sie so viele Elektrogeräte, TV- und Video-Apparate, Kosmetika und Kleider von Gap und Levis mitnehmen, wie sie nur tragen können.

Reynaldo Escacena läßt der Kalte Krieg an diesem Tag kalt. Er ist die Nachbarschaft zum Klassenfeind gewohnt. Etwas später wird der 77jährige den Kai entlang schlendern, ein schattiges Plätzchen aufsuchen und sich die Zeit mit Freunden und Bekannten beim Domino-Spiel vertreiben. Im Grunde lebt man hier nicht schlecht, besser zumindest als in vielen anderen ländlichen Gegenden fernab von Havanna. Reynaldos Wohnzimmer teilen sich ein riesiges Porträt Che Guevaras und ein kleineres Bild von Verteidigungsminister Raul Castro – Fidels Bruder – mit einem Farbfernseher. Der Kühlschrank funktioniert und hat Strom. Ein Ventilator kühlt das Zimmer. In Caimanera seien alle Häuser mit Telefonen, Kühlschränken und TV-Geräten ausgestattet, sagt der Parteimann. Selbst in der Zuteilung mit Lebensmitteln wird bevorzugt, wer dem Feind an vorderster Front gegenübersteht: Jedem Einwohner steht ein Viertel mehr Reis und Zucker zu. Die genormten Gehälter liegen dreißig Prozent über dem Landesdurchschnitt. In der ganzen Region sind außerdem Fernsehen und Radio der Marinebasis zu empfangen – Kubaner wachen mit der »Good-Morning-Show« auf ABC auf und gehen mit Baseball und David Lettermanns Witzeleien auf CBS zu Bett. Sie tanzen zu Elvis, kennen die neuesten Hip-Hop-Hits und lernen Englisch mit Larry King auf CNN. Das wirkt seltsam, denkt man an Castros Bemühungen, seine Landsleute vor den *yanquis* zu schützen. Sind sie nicht in Guantanamo besonders gefährdet, hier, wo es nur ein paar Meter nach Amerika sind? Natürlich wachen Blockwarte darüber, daß ihre Landsleute statt ABC und CNN das kubanische Propagandaprogramm einschalten.

Wer hier wohnt, von dem erwarten die Behörden ein gewisses Maß an Dankbarkeit für die Revolution und öffentlich zur Schau gestellte Treue zu Fidel Castro und Begeisterung über seine Dauerherrschaft. Reynaldo Escacena ist Mitglied der Kommunistischen Partei und zitiert Fidels Lieblingsparole: »Sozialismus oder Tod.« 15 Jahre, von 1946 bis 1961, hat Reynaldo Escacena auf der nahen Militärbasis – der »BNY – Base Naval Yanqui« – gearbeitet. »Andere Arbeit gab es nicht«, sagt er. Deshalb habe das halbe Dorf bei den *yanquis* angeheuert: Sechstausend Kubaner waren es damals, genug, daß sie eine eigene Gewerkschaft gründeten. Noch heute sprechen in Caimanera mehr Kubaner als anderswo Englisch – einst ihre Versicherung gegen Arbeitslosigkeit. Bevor John F. Kennedy Kuba mit einer Invasion in der Schweinebucht zu erobern versuchte, fragten US-Offiziere, wer auf der Basis bleiben oder in die USA einwandern wolle. Etwa fünfhundert Kubaner blieben. Reynaldo wollte nicht und wurde wie viele andere entlassen. Noch heute erinnert er sich gut an die Bezahlung, die er als diskriminierend empfand: Er habe monatlich 265 Dollar verdient. Einer Amerikanerin seien für die gleiche Arbeit achthundert Dollar bezahlt worden. Mit der Wirtschaftsblockade begründen die USA ihre Weigerung, den Kubanern ihre Rentenansprüche, die Anfang der neunziger Jahre immerhin viereinhalb Millionen Dollar betrugen, auszuzahlen.

»Dorn im Fleische Kubas«, wird die Militärbasis im Prospekt der Air Cubana genannt. Bisweilen haben amerikanische Soldaten ihre Hosen runtergelassen und den Kubanern ihre Rückseiten präsentiert. Um Bilder dieser öffentlichen Beleidigung zu zeigen, lud das kubanische Außenministerium vor Jahren die Presse in Havanna eigens zu einer Filmvorführung. Die Kubaner wiederum hatten den *yanquis* einige Jahre davor die Süßwasser-Zufuhr abgedreht. Die Amerikaner bauten daraufhin eine riesige Meerwasserentsalzungsanlage.

Was Cato dem Älteren Karthago war, das ist Fidel Castro der Marinestützpunkt in der Bucht von Guantanamo: Im übrigen bin ich der Meinung, daß sie geräumt werden muß – der Satz darf in keiner seiner

Reden fehlen. Sein Haß gegen den Stützpunkt gründet auf Erlebnissen aus der Zeit, als er 1957 in den Bergen der Sierra Maestra – unweit von Guantanamo – gegen die Truppen von Diktator Batista kämpfte. Damals hatte sein Bruder Raul erfahren, daß Batistas Flugzeuge auf der US-Basis von den Amerikanern nicht nur Sprit, sondern auch Bomben erhielten: mehr als dreihundert Sprengköpfe immerhin, die sie über den Köpfen von Castros Guerillas abwarfen. Fidels Bruder ließ daraufhin 49 Amerikaner entführen. Die Amerikaner, so seine Taktik, würden dann nicht zulassen, daß Batista weiter amerikanische Bomben abwarf. US-Präsident Eisenhower entschuldigte sich daraufhin: Die Sprengköpfe seien lediglich Ersatz für fehlerhafte Ware gewesen; der Einfachheit halber habe man sie zufällig im Kampfgebiet übergeben.

Fidel Castros Ablehnung rührt freilich auch daher, daß die Marinebasis auf einem völkerrechtlich bestenfalls umstrittenen Vertrag beruht. Die Jahrespacht ist lächerlich: Zweitausend Goldpesos überwiesen die USA jahrelang auf ein Schweizer Konto. Zuletzt schickten sie Schecks über 4085 Dollar. »Wie sie auf den Betrag kommen, wissen wir nicht«, sagt Olga Miranda Bravo, die juristische Direktorin des Außenministeriums. »Eingelöst haben wir bislang keinen einzigen dieser Schecks.« Trotz permanenten Devisenmangels. Hätte Kuba die Schecks bis heute eingelöst und reinvestiert, wäre das Land um eine halbe Million Dollar reicher. Allerdings hätte es damit den Status von Guantanamo anerkannt. Statt dessen wurden die Schecks auf Seite eins der Parteizeitung *Granma* abgebildet – als Mahnung an die USA, doch endlich die Truppen abzuziehen. Geflissentlich verschweigt Olga Miranda, daß Kuba 1959 sehr wohl einen der Schecks eingelöst hat. Darauf aufmerksam gemacht, sagt sie, das sei ein Versehen gewesen. Schließlich sei man damals noch ganz frisch an der Regierung gewesen.

Caimanera ist Sperrgebiet, in das eine staubige Straße führt, die scheinbar ins Nichts zielt. Irgendwann erreichen wir einen Schlagbaum. Ein Polizist prüft unsere Identität. »Periodista aleman«, sagt Almeida, unser Führer. Der Polizist weiß Bescheid – unsere Ankunft wurde gemeldet. Er läßt uns passieren. Die Sperre wirkt einfach, beinahe provisorisch: »Wir verteidigen den Sozialismus« steht auf einem Schild am Straßenrand. Daneben weht die kubanische Flagge. Ein Soldat steht mit dem Gewehr im Anschlag. Wir fahren an einem kleinen Kasernengebäude und verschiedenen Wachtürmen vorbei. Salzseen beiderseits der Straße verleihen das Gefühl, am Ende der Welt oder doch zumindest in einer sehr einsamen Gegend angekommen zu sein. Den Ortseingang von Neu-Caimanera blockiert eine weitere Sperre – die allerdings einen wenig bedrohlichen Eindruck macht. Zwei Uniformierte warten gelangweilt auf das Ende ihrer Schicht. Da die Schranke offensichtlich kaputt ist, hält ein vielleicht siebzigjähriger Mann ein Seil über die Straße – die Szene wirkt als spielten Kinder Grenzsoldaten.

Caimanera war lange Zeit nur ein entlegenes Fischerdorf – bis 1902 die Amerikaner ihre Basis erbauten. Seit Castros Revolution ist der Ort Frontstadt, bewacht von einer Brigade kubanischer Soldaten: achthundert Meter von hier hat der Erzfeind USA auf hundertzwanzig Quadratkilometern bis zu neuntausend Soldaten, Zivilisten, Familienangehörige und einige Dutzend Jagdflugzeuge stationiert. Die Marinebasis verfügt über sechshundert Kilometer Teerstraße, zwei große Flugplätze, zweiundvierzig Ankerplätze für eine komplette Kriegsflotte, fünf Freiluftkinos, einen Golfplatz und den einzigen McDonald's auf kubanischem Boden. Wann immer die USA im amerikanischen Hinterhof intervenierten – ob in Grenada oder Panama – taten sie es von Guantanamo Bay aus. Theoretisch könnten sie die mittelamerikanischen Gewässer auch von Puerto Rico aus kontrollieren – nur wäre das komplizierter und teurer. Also blieben die USA in Guantanamo, und der Kalte Krieg ist hier noch nicht vorbei – das sozialistische Kuba und die kapitalistischen USA sind nur durch einen Salzsee sowie einen kargen Todesstreifen voller Minen, durch Gräben und durch mit Video- und Abhöranlagen ausgestattete Beobachtungstürme voneinander getrennt.

Hierher bringen die USA all jene, die sie in ihrem Land nicht haben wollen: Im Juli 1996 wurden bis zu fünfzehntausend haitianische Flüchtlinge in Zeltstädten interniert, bevor die USA sie auf ihre Insel zurückschickten – wie zuvor bereits Tausende Haitianer in den Jahren 1991 und 1992. Mitte August gab es damals sogar Kämpfe zwischen Soldaten und Flüchtlingen. 750 Haitianer probten den Aufstand. 65 wurden dabei verletzt. Hundertzwanzig sprangen ins Wasser und versuchten, das andere Ufer zu erreichen. Sie dachten wohl, dort sei Kuba. Ein Irrtum – sie landeten nur auf der anderen Seite der Basis. Wenn im Sommer 1996 für kurze Zeit die Kameras der Weltöffentlichkeit auf Guantanamo gerichtet waren, dann lag das allerdings nicht an den Haitianern, sondern daran, daß auch noch bis zu vierzigtausend kubanische Flüchtlinge, die auf offener See von Booten der US-Küstenwache aufgegriffen worden waren, dort untergebracht wurden, ehe die USA sie nach Kuba abschoben.

Manchmal ist nicht ganz klar, wer hier wen bewacht, wer Wächter und wer Gefangener ist. Manchmal, so scheint es, sind hier alle Gefangene der Folgen eines in Vergessenheit geratenen Kapitels der Weltpolitik. So wie die US-Militärs jedem gefangenen Haitianer eine Nummer gaben, so hat die kubanische Polizei alle 10.059 Einwohner Caimaneras registriert. Wer Freunde oder Verwandte empfangen oder besuchen will, benötigt eine behördliche Genehmigung. Vor allem Übernachtungen sind problematisch. Wer in eine hier lebende Familie einheiratet oder hierherziehen will, dessen Lebenslauf und Staatstreue wird kontrolliert. Die Einwohner Caimaneras bekommen ein Dokument, *pase permanente* genannt, das sie erst zum Aufenthalt in ihrer eigenen Stadt berechtigt. Oscar Angel Leyva Pompa, der stellvertretende Parteivorsitzende von Caimanera, zeigt seinen Ausweis mit der Nummer 8783. »Zum Schutz der eigenen Sicherheit«, sagt der 29jährige. Während er das Papier wieder in seiner Hemdtasche verschwinden läßt, fragt man sich: Wozu die Kontrollen? Aus Angst vor amerikanischen Spionen? Wohl kaum. Eher schon, um die eigenen Leute zu kontrollieren und nicht zu viele in die Nähe dieses Ortes kommen zu lassen, von dem aus es theoretisch nur ein paar Schritte nach Amerika sind.

Immer wieder haben Kubaner versucht, die Bucht zu durchschwimmen, um so auf die Basis zu gelangen. Bis zur Neuregelung der Asylbestimmungen 1994 schafften im Schnitt 140 jährlich den Sprung nach Amerika, oder das, was sie dafür hielten. Seit 1994 werden Flüchtlinge zurückgeschickt. Früher sind etliche auf der Basis verblieben, und so gibt es dort eine kleine kubanische Gemeinde mit eigenem Restaurant und Gemeindezentrum. Während die Kubaner in Guantanamo die TV-Programme der Amerikaner einschalten, helfen sich die Exil-Kubaner auf YNB mit den Seifenopern des staatlichen kubanischen Fernsehens gegen ihr Heimweh. Manchen der Exilkubanern wurde die amerikanische Staatsbürgerschaft angeboten. Einige haben dankend abgelehnt, denn als Amerikaner könnten sie versetzt werden. Als Kubaner dagegen sind sie unkündbar.

Im Revolutions-Museum in Caimanera, das vor Castros Machtübernahme ein Bordell war, stellt eine Museumsführerin die Errungenschaften der Revolution dar: Vor 1959 habe es hier Casinos und etwa fünfhundert Prostituierte gegeben. Sie wurden in großer Zahl eigens hierher gebracht. Nach der Revolution wurden sie in einer eigenen Schule unterrichtet. Im Museum zeugt eine zweiseitige Anweisung davon. Heute, sagt unsere Museumsführerin stolz, gebe es acht Hausärzte, ein Krankenhaus und eine Poliklinik allein in Caimanera.

Seit Castros Revolution werden alle Arbeiter und Bauern im Kampf gegen den Feind trainiert – falls die *yanquis* doch die Insel mittels einer Invasion einnehmen wollten. Im Restaurant liegt der Evakuierungsplan mit derselben Verständlichkeit aus wie die Speisekarte. Der Kubaner, die wie Ruben Lopez Sabariego oder Rodolfo Rosell Salas in vorderster Linie im Kampf gegen die USA gefallen sind, wird im Museum gedacht: Ersterer hatte als Chauffeur in der Basis gearbeitet und war 1960 von US-Soldaten getötet worden, weil er angeblich auch hier der Revolution zum Sieg verhelfen wollte. Letzterer war einfacher Fischer, der vielleicht nur für einen Revolutionär gehalten und deshalb umgebracht wurde. Ein Foto zeigt seinen Körper, der schräg im Boot liegt. Selbst auf dem Foto sind noch die Einschüsse zu sehen.

Unter einer Glasvitrine finden sich auch Zeichen aus Zeiten, als die USA und Kuba sich gegenseitig versicherten, sie stünden einander so nahe wie sie hier in Guantanamo und Caimanera zusammenleben müssen: Drei Ausweise von Zivilarbeitern aus den dreißiger und vierziger Jahren zeigen zwei ineinander verschlungene Hände. Darunter stehen die Ländernamen »Cuba« und »USA«. Gab es wirklich jemals echte Freundschaft seit die USA am 22. Mai 1903 die Bucht von Guantanamo für 99 Jahre »gepachtet« und einen Flottenstützpunkt bauten? Mit Waffengewalt hatten sie die kubanische Regierung damals gezwungen, in ihrer Verfassung den USA das Recht auf Intervention einzuräumen und diese Pacht zu garantieren. 1934 verzichteten die USA feierlich auf das Recht auf Interventionen. Die Militärbasis für solche Interventionen haben sie jedoch behalten.

Offiziell unterhält Havanna seit dem Bruch mit Amerika 1961 gar keine vollen diplomatischen Beziehungen zu Washington. So kommt es, daß der kubanische Quasi-Botschafter in der US-Hauptstadt als »einsamster Mann in Washington« (so die *New York Times*) gilt: Keiner wolle mit ihm sprechen, schrieb das Blatt. Fraga ist der ranghöchste Diplomat Kubas in den USA. Daß er dann und wann überhaupt ins Gespräch kommt, dafür sorgt die Schweiz. Unter ihrem Schutz unterhalten die USA und Kuba seit 1977 – zu Präsident Jimmy Carters Zeiten – in Washington und in Havanna sogenannte Interessenvertretungen, die vor allem für Alltagsarbeit, also die Ausgabe von Visa, zuständig sind. Während Carter und Reagan den kubanischen Vertreter auf Distanz hielten, gab Castro dem amerikanischen Diplomaten zunächst quasi Botschafterstatus und lud ihn anfangs gar zu Empfängen in seine Residenz ein. Lange vorbei. Die US-Diplomaten, auf deren Visitenkarten »Embajada de Suiza« steht, werden kaum mehr zu offiziellen Anlässen eingeladen. Trotz des Kalten Krieges wurden jedoch bestimmte Formen der Zusammenarbeit nie aufgegeben: So tauschten die Wetterdienste beider Länder all die Jahre Warnungen vor drohenden Hurrikan-Stürmen. Diplomatische Protestnoten vom kubanischen Staatschef Fidel Castro werden offiziell der Schweizer Botschaft zugestellt und tragen deren Anschrift in Havannas Villenviertel Miramar. In der Praxis ist das jedoch nur eine diplomatische Formalie, und der Schweizer Botschafter ist wie alle seine Kollegen auf Zeitungsberichte angewiesen, um etwas über die Gespräche zwischen Kuba und den USA zu erfahren.

Die amerikanische Interessenvertretung in Havanna ist ein unscheinbares, schmuckloses fünfstöckiges Gebäude – größer ist nur die protzige russische Botschaft. Sie steht am nördlichsten Punkt der Uferpromenade Malecón, den USA geographisch am nächsten. An den Ecken sind kubanische Wachen postiert, die jeden, der sich nähert, zu sich pfeifen und – mit der Waffe im Anschlag – kontrollieren. Stärker, so scheint es, wird nur Fidel Castro selbst bewacht. Besonders beliebt waren die Amerikaner auf Kuba nie: Eine Dokumentation im kubanischen Fernsehen enthüllte vor etlichen Jahren eine ganze Reihe Namen von CIA-Agenten, die in der Interessenvertretung tätig waren. Die USA beschwerten sich über die Veröffentlichung, aber dementierten nicht. Wiederholt wiesen beide Seiten Diplomaten aus, die im Verdacht der Agententätigkeit standen.

So wie Castros Traum vom sozialistischen Kuba längst Opfer seiner vom Kalten Krieg diktierten USA-Politik geworden ist, so lag auch den Präsidenten der USA nie an einer ehrlichen, klugen und vorausschauenden Kuba-Politik. Ihre markigen Sprüche gegen Castro wurden von innenpolitischen Zielen geleitet. Das Wirtschaftsembargo gegen Kuba halten die USA gegen ein Votum der Vereinten Nationen aufrecht und begründen es damit, daß Castro Menschenrechte mißachtet. Das ist richtig, aber das Argument ist trotzdem nicht glaubwürdig: Denn wie oft haben die USA Menschenrechte mißachtet bei Invasionen in Mittelamerika? Und werden nicht auch geflohene Kubaner seit Jahren ohne Gerichtsverfahren und rechtliche Grundlage in Gefängnissen im Süden der USA festgehalten?

1980 hatte der listige Castro den Präsidenten der USA beim Wort genommen: Alle kubanischen Flüchtlinge seien herzlich willkommen, hatte Jimmy Carter getönt. Castro öffnete die Tore seiner Gefängnisse und Kliniken und ließ hundertzwanzigtausend Landsleute – darunter viele Verbrecher und Geisteskranke – nach Key West übersetzen. Doch kaum hatten die Kubaner die USA erreicht, wurde ein Teil von ihnen – rund zweitausend – dort erneut jahrelang ins Gefängnis gesteckt. Selbst als ihre Strafen in Kuba bereits abgelaufen waren, ließ die amerikanische Einwanderungsbehörde sie nicht frei. Ihr juristischer Status gleiche dem von Kubanern, die nie amerikanischen Boden betreten haben – also könne man ihnen keine Strafe erlassen.

Das 1992 erbaute Hotel in Caimanera hat einen Swimmingpool, dessen Wasser frisch zu sein scheint. An der Bar dröhnt amerikanische Rockmusik. Die 19 Zimmer des Hotels seien vornehmlich von Kubanern belegt, hatte uns tags zuvor Hugo Iglesias gesagt. Doch Touristen hätten keine Probleme, hier zu übernachten. Sie müßten nur vorher ihre Ankunft anmelden. Wir stehen auf einer Aussichtsplattform im zweiten Stock des Hotels der Stadt: »Dort hinten sind die Amerikaner«, sagt Oscar Angel und streckt den Arm nach oben. Man ist bemüht, sich die eigene Enttäuschung nicht anmerken zu lassen, denn viel ist da hinten nicht zu sehen. Weder die Bucht noch die Basis selbst sind auch nur halb so deutlich erkennbar wie auf den Fotos im Museum. Zu sehen ist nur militärisches Sperrgebiet – weites, unbebautes Land –, und, ja, mit viel gutem Willen könnten das am Horizont die Grenzzäune der Basis sein. Hinter einem Kilometer Niemandsland blitzt etwas in der grellen Sonne – das müssen wohl die Tragflächen der US-Bomber sein. Die verhaßten *yanquis* als Touristenattraktion.

Die Geschichte des Milchpulvers

Eine »unzertrennbare Völkerfreundschaft« oder Das Ende vom kleinen fernen Paradies der DDR-Bürger

Otto lebt von den kleinen Freuden: Neulich beispielsweise hat er in Havannas Altstadt auf einer Polizeistation zwei alte DDR-Schreibmaschinen, Marke Optima, gesehen. War doch nicht alles schlecht aus der DDR. Der Klang eines alten MZ-Motorrads ist Musik für seine Ohren. Da wird er gerne sentimental. Sicherlich, sagt Otto, sei auch das Verhältnis der DDR und Kuba untereinander von Sentimentalität geprägt gewesen: »Kuba und die DDR hatten vieles gemeinsam: Zwei kleine Länder, beide an der Grenze zur Nato. In Berlin gab es die Mauer und hier Guantanamo, die Marine-Basis der Amerikaner.« Den kleinen Unterschied erwähnt er nicht: daß nämlich die DDR die Mauer baute, so wie die Amerikaner Guantanamo einfach besetzten.

Otto Marquardt kam im September 1962 mit einem Schiff der Deutschen Reederei von Rostock nach Havanna. Eigentlich sollte er nur vier Wochen bleiben – doch es wurde fast ein ganzes Leben. Damals war er der einzige DDR-Journalist vor Ort. Vor ihm waren nur ein oder zwei Reporter aus der DDR auf Kuba gewesen. Beide, sagt Otto, hätten nach 14 Tagen Aufenthalt ein Buch über die Insel geschrieben. Dementsprechend »fundiert« sei das Wissen über Kuba in der DDR gewesen. »Die zu Hause wußten so gut wie nichts«, sagt Otto.

Als er nach zwölf Jahren Kuba-Berichterstattung 1975 das Buch »Links und rechts der Carretera« veröffentlicht, heißt es darin, Latinos würden seine Berliner Wohnung »Albergue Otto« nennen – Ottos Herberge. Auf dem Umschlagfoto sieht der Journalist aus wie ein Günther Wallraff des Ostens. Seine wachen Augen unter dicken Brillengläsern und ein lustiger Seebären-Schnauzer unter der sich abzeichnenden Halbglatze geben ihm ein sympathisches Äußeres, das seine volle Radiostimme ergänzt. Nur das gelegentliche Murren, mit dem er unangenehme Fragen quittiert, stört die Harmonie. Im Radio freilich ließ er das Murren bleiben und so war er jahrelang die beliebte Stimme Kubas, ja Lateinamerikas, hat er doch zeitweise in den Sendern des DDR-Radios über den halben Kontinent berichtet.

Beliebt schon allein deshalb, weil einer wie er von einem Land erzählte, in dem Zitrusfrüchte wuchsen und sich Palmen im warmen Tropenwind beugten – einer Insel auch, die die DDR als erstes Land international anerkannt hatte. Leute wie Otto wollten der Dritten Welt helfen, dachten, wenn sie den Sozialismus dorthin exportierten, würden alle Probleme verschwinden. Die vielen Alltagsprobleme, die seine Landsleute in der kalten DDR erleiden mußten, hat er nicht so drastisch mitbekommen. Dank seiner Position war Otto auf Kuba privilegiert, war auf den Empfängen von Fidel Castro stets ein gerngesehener Gast und bei der Botschaft der DDR ohnehin.

Um so härter muß ihn der Wandel im Jahre 1989 getroffen haben. Mit Abscheu sah er im Fernsehen in einem Korrespondentenbericht aus Ostberlin »eine ganze Reihe fetter, unangenehmer Menschen, die sich Hundert-Mark-Scheine auf die Stirn geklebt hatten«, erinnert er sich. In Ostberlin dachten damals alle, daß nun auch Kuba zusammenbrechen müsse. Als 15 Kubaner in der tschechischen Botschaft Zuflucht suchten und Otto deshalb nicht in Jubel ausbrach, warfen ihm seine Vorgesetzten vor, er berichte zu pro-kubanisch. Seine Berichte, vermutet Otto, wurden wohl nie gesendet. Genau habe er das nie erfahren, nachfragen wollte er nicht. Irgendwann blieben dann auch die täglichen Anrufe aus – mit Ausnahme des DDR-Jugendradios DT64 wollte niemand mehr etwas bestellen. Statt dessen wurde ein Kollege aus Berlin geschickt, um zu berichten, »was wirklich los ist auf Kuba«. »Aber«, sagt Otto mit halbwegs zufriedener Miene, »der konnte Castro auch nicht stürzen«. Wegen Staatsnähe ist Otto schließlich abgewickelt und mit 56 Jahren in Ruhestand versetzt worden.

»Otto hat es nicht leicht«, sagt ein westlicher Diplomat bei einem Besuch im Sommer 1993. »Früher war er ein gefragter Mann. Heute hat er keine bedeutenden Abnehmer mehr. Die Zeitungen in Ostdeutschland wollen doch nur Schlechtes über Kuba haben. Aber Otto ist einer, der diese Insel liebt und auch das politische System hier gut findet.« Geblieben ist ihm das PDS-nahe *Neue Deutschland,* für das er bis heute unter dem Pseudonym Leo Burghardt schreibt. Leo – den Namen hat er von seiner alten Katze. Der Name ist keine schlechte Wahl, ist doch auch Otto einer, der trotz aller Einbußen an Ansehen im Grunde wie eine alte Katze im vertrauten Terrain ein leidlich gutes Rentnerleben führt. Dank seiner Dollars gehört er in Kuba immer noch zu den Privilegierten.

Die Wende war eine spannende Zeit, auch auf Kuba: Eine Zeit, in der Nachrichten aus der Heimat längst überholt waren – wenn sie Kuba denn endlich erreichten. Bis die zerfledderten Zeitungen aus den Interflugmaschinen aufgesammelt und verteilt waren, war schon wieder alles ganz anders. Mehr als sechshundert Deutsche waren damals offiziell beim Konsulat gemeldet. Weniger als die Hälfte sind auf der Insel geblieben. Wer es sich leisten konnte, flog zurück ins vereinigte Deutschland. Selbst Botschaftsangehörige kehrten aus dem Heimaturlaub gar nicht mehr zurück. Manche Ostdeutsche wiederum, die im Süden der Insel lebten, flogen nach Havanna, nur um in der DDR-Botschaft im Kreise anderer Landsleute bereits veraltete Videos der »Aktuellen Kamera«, der DDR-Tagesschau, zu sehen. Etwa fünfzig bis sechzig Ostdeutsche kamen regelmäßig zu diesen wöchentlichen Abenden.

Robotron, das Banken, Krankenhäuser und Behörden mit Computern ausgestattet hatte, verkaufte in seiner Niederlassung an der Quinta Avenida plötzlich »Eberswalder Würstel«, fünf Stück zu 1,80 Dollar. Der ehemalige DDR-Botschafter Heinz Langer, jahrelang einer der geachteten Diplomaten auf der Insel, war nach der Wende arbeitslos geworden und führte bald als Reiseleiter Touristen durch Zuckerrohrplantagen und zu Vertretern der Partei und der Gewerkschaft – »um zu diskutieren«. Gemeinsam erkundete man alte Fabriken. Er wolle zeigen, schrieb er in der Ausschreibung, »was aus den Projekten der Solidarität – auch erbaut mit Hilfe der DDR – geworden ist.«

Jahrelang galt die Geschichte der Fabriken als Ausweis des Erfolgs: Etwa hundert der hundertfünfzig Zuckerfabriken sind teilweise mit tschechischen und ostdeutschen Maschinen ausgestattet. Mit Hilfe von DDR-Technik wurden die größte Druckerei Lateinamerikas, die größte Brauerei Lateinamerikas, die größte Textilfabrik Lateinamerikas und die größte Zementfabrik Lateinamerikas erbaut. Etwa hunderttausend Kubaner wurden in der DDR zu Facharbeitern ausgebildet. All das wurde später als Ausdruck tiefer Völkerfreundschaft und als gemeinsame Leistung hochgelobt. Was ist nach dem Fall der Mauer davon übriggeblieben? Mit José Herrera, der einst den kubanischen Botschafter in der DDR chauffiert hat, und mit Almeida Bosque, der Anfang der achtziger Jahre im kubanischen Konsulat in Ostberlin gearbeitet hat, begebe ich mich zwei Wochen lang auf die Spur der DDR-Fabriken. Die Reise zu den industriellen Denkmälern ist eine Trauerfahrt. DDR-Maschinen verrosten unter Plastikplanen.

Als die Druckerei in Guantanamo 1977 in Betrieb genommen wurde, arbeiteten hier hundert DDR-Techniker sowie hundertsechzig Kubaner, die in der DDR zu Facharbeitern ausgebildet worden waren, und einige Hundert weitere Kubaner. Jetzt wirkt das Gelände wie ausgestorben. Direktor Ramón Leon, der 1974 bis 1978 in Karl-Marx-Stadt Polygraphie studierte, führt uns durch eine gespenstische Lagerhalle: Die Druckmaschinen, die mit Papphauben bedeckt sind, wirken als hielten sie Winterschlaf. Ramón kann seine Enttäuschung nicht verbergen, als er berichtet, vor zwei Jahren seien hier die letzten Bücher gedruckt worden. Seitdem fehlt Papier zum Drucken und die Drucker fertigen nun kleine Puppen und Amulette mit Che-Aufdruck, die für 1,50 Dollar und vier Dollar das Stück an Touristen verkauft werden. Viel Geschäft machen sie damit nicht, weil ein Teil des Rohmaterials importiert werden muß. Aber Havanna kann behaupten, es gebe keine Arbeitslosigkeit in den Fabriken. Vielleicht werde man im nächsten Jahr schon wieder echte Schulbücher drucken, sagt Ramón. Doch sein halbherziger Tonfall verrät, daß er seinen eigenen Worten nicht glaubt. Als ich den Direktor mit einem der Che-Amulette neben Honeckers Bild fotografiere, meldet sich einer der Vize-Direktoren zu Wort und sagt, obwohl die Lage nun schwierig sei, bleibe man Honecker und der DDR zu Dank verpflichtet. Nach dem Verlassen der Fabrik sagt Almeida, Direktor Ramón und seine Mitarbeiter hätten furchtbar traurig gewirkt – als sei jemand gestorben.

Am größten waren die Hoffnungen für die Nickelfabrik in Moa im Osten der Insel. Immerhin hat im Juni 1993 sogar der Bonner Botschafter die halbfertige Fabrik besucht, um sich ein Bild zu machen, ob weitere Investitionen lohnten. Denn nur dann, so die kubanische Regierung, könne sie mit Hilfe der Erträge einen Teil der Schulden in Millionenhöhe begleichen. Während Louis Mora Soria, der Leiter der Technik, bei einem Rundgang noch zuversichtlich die offiziellen Durchhalteparolen zum besten gibt, suchen seine Leute längst andere Arbeit. Auch der Besuch des deutschen Botschafters erwies sich später als Höflichkeitsbesuch: Er entschied gegen weitere Investitionen.

Die Zementfabrik in Cienfuegos erstreckt sich über eineinhalb Kilometer. Vierzig Meter hohe Türme schrauben sich in den Himmel. Die Farbe blättert vom Spruch »Socialismo o muerto« über dem Eingang. Im Eingangsbereich des Verwaltungstraktes stehen vier Würfel. An jeder Seite kleben Fotos von der Eröffnungsfeier Mitte der siebziger Jahre: Zu sehen ist Erich Honecker bei einer Rede, dann mit Hut in der Linken und Gruß mit der Rechten, und einmal mit Fidel und wieder bei einer Rede. Die Bilder täuschen darüber hinweg, daß Ostberlin die Lieferung wichtiger Ausrüstungsteile jahrelang verzögerte und Kuba deshalb Zement teuer einführen mußte, weshalb es sogar Streit zwischen beiden Ländern gab. Das Beeindruckendste ist auch hier die Tatsache, daß die Produktion daniederliegt, daß nicht gearbeitet wird. Man könne jederzeit wieder volle Kapazität fahren, versichert ein Mitarbeiter. Dabei klingt er so glaubwürdig wie sein Hinweis, natürlich gebe es keine Umweltprobleme, denn die DDR-Technik sei in Sachen Umweltschutz doch weltweit mit führend.

»Ich tue mich schwer damit, die DDR zu verteidigen, wo sich ihre Bürger doch nicht mal selbst verteidigt haben«, sagt Almeida Bosque. Daß die deutsche Einigung ohne Krieg und Blutvergießen stattfand, findet er wenig beachtenswert. Ihn stört, daß die Ostdeutschen nicht gekämpft haben. Eigentlich will er aber sagen: Ihn stört, daß sie nicht für Kuba, für ihn, gekämpft haben. Während seiner Arbeit im Generalkonsulat sei er stets gut behandelt worden, sagt er. Im Grunde hätten die Deutschen nichts gegen Ausländer, solange sie Diplomaten seien und wieder nach Hause gingen. Er kann aber nicht vergessen, daß man ihn vor den vornehmen Restaurants auf der Ostberliner Flaniermeile »Unter den Linden« immer etwas länger warten ließ. Stets seien Leute, die hinter ihm anstanden, vorgewunken worden. Ihn ließ man warten, sagt er, und zupft mit Daumen und Zeigenfinger an seiner schwarzbraunen Haut – »wegen dem hier«.

Oswaldo war einer von rund zwanzigtausend Kubanern, die in der DDR Deutsch studierten. Der 42jährige sagt, er erinnere sich noch gut an bestimmte Gaststätten in Brandenburg, an deren Türen Schilder hingen mit der Aufschrift »Kein Zutritt für Kubaner« – eine Vorsichtsmaßnahme wurde das damals genannt, weil sich Kubaner angeblich so gerne prügelten.

Daß es mit der Freundschaft zwischen Kuba und der DDR nicht so ganz weit her sein konnte wie in Castros und Honeckers Sonntagsreden behauptet wurde, erfuhr Silke Drake als sie ihren kubanischen Freund heiraten wollte. »Ich mußte einen Antrag auf einen Antrag stellen«, erinnert sie sich an das umständliche Verfahren. Ein Jahr lang habe sie Formulare ausfüllen müssen. Behörden hätten immer neue Erkundigungen eingezogen, dann habe man sie – ohne ersichtlichen Grund – aus der FDJ und anderen Organisationen ausgeschlossen. Binnen weniger Monate mußte sie dann überhastet ausreisen. Eine andere Ostdeutsche wurde vor der Eheschließung in ihrer Behörde gar gefragt: Sie wolle also weg aus der DDR? Gut. Einen Kubaner heiraten? Gut. Aber müsse es denn gleich ein Neger sein?

Silke Drake war erst 1988 nach Kuba ausgewandert. Der Fall der Berliner Mauer im November 1989 habe sie »zu Tode erschreckt«, sagt sie. Sie fürchtete, es werde Krieg geben. Als es statt dessen Bananen gab, versuchte sie sich an die neue Situation anzupassen: Bei einer Führung durch die DDR-Besitzungen bat sie den Bonner Botschafter um einen Job – und war froh, als sie als Putzfrau eingestellt wurde. Ganz wohl sei den Bonner Diplomaten damals nicht gewesen, als sie eine Putze mit Wirtschaftsdiplom bekamen, erinnert sie sich. Aber das sei ihr egal gewesen. In Deutschland würde sie das freilich nicht machen. Aber Kuba sei nicht mit Deutschland vergleichbar. Immerhin wurde sie in Dollars bezahlt und stieg bald schon zur Telefonistin auf. Wenige Ostdeutsche hatten es besser. Allenfalls eine Bekannte, die sogar einen Job als Empfangsdame eines Hotels erhielt, der Aussicht auf Trinkgelder versprach. Oder der 27jährige Rainer More Eng, der elf Jahre in der DDR lebte und in Zittau und Dresden Betriebswirtschaft studierte. Seine Eltern gehörten zur zweiten Generation kubanischer DDR-Studenten und haben sich dort kennengelernt. Er wurde in Ostberlin geboren. Seit Anfang 1992 arbeitet er im Hotel Tuxpan in Varadero.

Daß es gerade auch unter den Ostdeutschen etliche Sozialfälle gibt, war selbst in Havanna augenfällig: In der Lobby eines Hotels in Miramar verkaufte sich eine 16jährige an Touristen, die sie in fließendem Deutsch ansprach. Ihre Mutter, sagte sie, sei vor sieben Jahren aus der DDR nach Kuba gezogen. Nach der Trennung von ihrem Vater müsse sie nun zum Unterhalt der Familie beitragen.

Als eine Politikerdelegation bei einem Besuch im Jahre 1996 vom Elend Hunderter ostdeutscher Frauen hörte, forderte sie vom deutschen Botschafter einen Bericht an. So wurde beispielsweise der besonders krasse Fall der jungen Deutschen Karola Maus aus dem Städtchen Querfurt aktenkundig, die sieben Jahre zuvor der Liebe wegen mit ihren beiden Kindern nach Kuba gezogen war. Ihre Familie hause unter ärmlichsten Bedingungen im Haus der Schwiegermutter in einem Dorf in der Provinz Matanzas, stellte die Botschaft fest. Seitdem die Schwiegermutter im Rollstuhl lebe, habe die Schwägerin das Sagen – und verbiete den Deutschen, Toilette oder Küche zu benutzen. Zu viert schliefen sie in einem kleinen Zimmer, die Notdurft müßten sie in einem Eimer im Hinterhof verrichten, tagsüber müßten sie zu einer anderen Schwägerin ausweichen, und wegen der abgelegenen Lage sei der 12jährigen Tochter nicht einmal der Schulbesuch möglich. Viele der Frauen lebten längst von ihren Männern getrennt, könnten aber mangels Geld für die Flugtickets oder mangels Erlaubnis der Väter mit ihren Kindern nicht mehr zurück nach Deutschland. Manche lebten in derart abgelegenen Gegenden der Insel und seien derart abgeschnitten von ihrem früheren Leben in der DDR, daß sie bis zu der Untersuchung im Jahre 1996 nichts von der deutschen Wiedervereinigung mitbekommen hätten.

Ob Café Brecht in Havanna, Theatro Karl Marx in Miramar oder Honecker-Porträts in Brauereien und in alten Fabriken – immer wieder stößt man auf Überbleibsel einer vergangenen, stets zwanghaft gelebten Völkerfreundschaft. »Völkerfreundschaft« – so hieß auch das erste Schiff der Deutschen Reederei, mit dem zweimal im Jahr DDR-Touristen ihre Traumreise nach Kuba antreten durften. Freilich konnten DDR-Bürger nicht einfach Urlaub auf Kuba machen – das blieb Schlagerstars, verdienten Parteimitgliedern, dem besten Mähdrescherfahrer und anderen Helden der Republik vorbehalten. Weil die Flugzeuge der Aero-Cubana-Linie und von Interflug im kanadischen Gender zum Tanken einen Zwischenstopp einlegen mußten, galt die Flugreise nach Kuba offiziell gar als Reise ins feindliche kapitalistische Ausland.

Zur deutsch-deutschen Vergangenheit gehört ebenfalls, daß die Mauer auch Tausende Kilometer von der Heimat entfernt stand – mitunter sogar noch etliche Jahre nach deren Fall in Berlin. Als einige Ostdeutsche baten, in den von Westdeutschen dominierten Deutschen Verein in Havanna aufgenommen zu werden, erhielten sie keine Antwort. Nur zögerlich tastete man sich nach der Einigung auf einem Empfang der deutschen Botschaft ab. Ostdeutsche kritisieren, daß man sie nach ihrer Brauchbarkeit bewertet habe. So habe die Botschaft zwar Mathematiker, Chemiker und andere Naturwissenschaftler, kaum aber Geisteswissenschaftler zu kleinen geselligen Runden eingeladen.

Einige Geisteswissenschaftler, die in der DDR Deutsch studiert haben, treffen sich in den Räumen der Catedra Humboldt in der Altstadt Havannas. Hier lehren sie Deutsch, lesen Goethe und Schiller und kommen nur schwer los von Marx und Engels und den alten Geschichten aus den besseren Zeiten der DDR. Natürlich sind sie dankbar, dort studiert zu haben, und bedauern die deutsche Einigung, denn mit dem Untergang der DDR haben sie ein Stück ihrer Identität verloren – ohne ein neues im Westen hinzugewonnen zu haben. Einige von ihnen hätten es lieber gesehen, wenn die DDR die Bundesrepublik übernommen hätte – in diesem Sinne hatte zumindest Fidel Castro die deutsche Einigung kommentiert: Wenn schon vereinigen, dann solle das bitte wenigstens dem gesellschaftlichen Fortschritt dienen. Einer der wenigen Westdeutschen, den die Mitglieder der Catedra achten und bewundern, ist Günter Grass, der am 1. März 1993 hier saß, aus seinem Werk las, den Gastgebern eine Zeichnung schenkte und hinterher einen Artikel gegen die Blockade der USA schrieb. Vielleicht ist das auch schon alles, was Ivan, der Leiter der Catedra, und die anderen hier benötigen: ein wenig Solidarität, eine Hand, die sie auch im größeren Deutschland willkommen heißt. Denn freilich gab es nicht nur eine tiefe Liebe vieler DDR-Bürger zu Kuba, die bis heute anhält, sondern auch eine tiefe Verbundenheit vieler Kubaner zu Deutschland.

Spätestens an dieser Stelle muß man das Milchpulver erwähnen. Denn irgendwann und irgendwie endet jedes Gespräch über die Beziehung zwischen Kuba und der DDR bei diesem seltsamen weißen Pulver, mit dem man im Westen so wenig anzufangen wußte. Ist nicht gar die Geschichte des Milchpulvers die Geschichte der Beziehung beider Länder? Wer in der DDR aufwuchs, besuchte vielleicht nicht nur eine Schule namens Tamara Bunke, sondern spendete auch für die Milchpulverlieferungen nach Kuba – so wie Klassen im Westen für Biafra-Kinder oder den Aufbau in Ruanda Geld sammelten. Ein Abkommen aus dem Jahr 1981 sah vor, jährlich 22.000 Tonnen deutsches Magermilchpulver gegen kubanische Futterhefe auszutauschen. Vier von fünf Trockenwerken, die das Pulver produzierten, hatte die DDR eigens für diesen Zweck errichtet. Dank der Milchpulverlieferungen bekam auf Kuba jedes Kind bis zum Alter von sieben Jahren täglich einen halben Liter Milch. Bis 1991. Dann war Schluß.

Während der Bonner Bundespräsident Richard von Weizsäcker im Dezember 1991 die Aktion »Brot für die Welt« startete und dazu aufrief, den Kindern Lateinamerikas zu helfen, die »ihr Schicksal weder gewählt noch verdient« haben, sah sich die Bonner Regierung zur selben Zeit nach einer Intervention der USA plötzlich außerstande, die Lieferungen fortzusetzen. Obwohl die EU damals auf einem Berg von mehr als fünfhunderttausend Tonnen Milchpulver saß, zum großen Teil aus deutscher Produktion. Obwohl den ostdeutschen Milchwerken der Auftrag aus Kuba willkommen gewesen wäre, um der Abwicklung zu entgehen. All das haben weder die Exildeutschen auf Kuba noch die Kubaner verstehen wollen. Nach dem Lieferstopp hat die kubanische Regierung die Zuteilung von Milch auf Kinder bis zu sieben Jahren eingeschränkt. Daraufhin, so heißt es, sei die Geburtenrate kräftig gestiegen. Manche Frauen seien nur deshalb schwanger geworden, um weiter an Milch zu kommen, wird erzählt. Manche Mütter handelten sogar mit Milch.

Keinem der dreißig Verträge mit der DDR, dem nach der Sowjetunion einstmals zweitwichtigsten Handelspartner Kubas, wurden so viele Tränen hinterhergeweint wie dem Milchpulververtrag. »Es wurde nur über Schulden gesprochen, nicht darüber, was man aus der Zusammenarbeit hätte machen können«, klagt Otto über die Verhandlungen zwischen Bonn und Havanna. Angeblich, so die offizielle Erklärung, wurde der Vertrag gelöst, weil die Milch auch an Soldaten abgegeben werden könnte und dann einem militärischen Zweck dienen würde. Zumindest hatten die USA mit diesem Argument gegen weitere Lieferungen Einspruch erhoben. Sie fürchteten ein Aufweichen ihrer Blockade.

Wie viele Kubaner, so will auch Otto nicht verstehen, daß die Kündigung der Verträge daher eine rein politische Entscheidung war. Daß Kohl und Genscher loyal sein wollten zu ihren amerikanischen »Freunden«, auch wenn sie nicht wirklich hinter deren Blockadepolitik standen. Kuba war schlicht zu unwichtig geworden, um wegen ein paar Tonnen Milchpulver einen Streit mit der Supermacht zu riskieren. Auch alte Freundschaften zwischen kubanischen Funktionären und PDS-Politikern wie Gregor Gysi und Lothar Bisky konnten da nichts ändern. Und wenn die CSU-nahe »Hans Seidel-Stiftung« auf Kuba Seminare abhielt, wollte sie die Vorzüge der Demokratie lehren, um Castro insgeheim »von unten zu stürzen«, wie es ein CSU-Politiker einmal formulierte. Es sollten Jahre vergehen, bis die Koalition aus SPD und Grünen im Mai 2000 schließlich erstmals Entwicklungshilfe gewährte, ernsthaft über einen Erlaß der Altschulden diskutierte und sogar die Regierung für deutsche Investitionen erstmals gedeckte Hermes-Kredite in Aussicht stellte. Der Beginn einer neuen deutschen Kuba-Politik.

Noch im Juli 1990 hatte Fidel Castro Helmut Kohl gelobt, weil er der Sowjetunion »mutig« unter die Arme greife – vergeblich hoffte Castro, daß die Bundesrepublik auch Kuba helfen würde. Dabei hatte bereits die letzte DDR-Regierung jegliche Zusammenarbeit mit Kuba eingestellt, hatte das *Neue Deutschland* bereits im Juni 1990 berichtet und das als Verrat in den eigenen Reihen gedeutet: Die Verträge sollten zum 2. Juni aufgekündigt werden, danach solle alles in DM verrechnet werden. »Wenn die Kubaner dabei nicht mithalten können, sollen sie wenigstens selbst schuld gewesen sein. So schließt sich die DDR in aller Stille der US-Blockade gegen Kuba an«, hatte das *Neue Deutschland* kritisiert. Das Ende einer Beziehung, die das *Neue Deutschland* all die Jahre über immer wieder mit der drei Zentimeter großen Parole »DDR und Kuba sind fest und unzertrennbar verbunden« überschrieben hatte. Vorbei mit den seitenlangen Jubelberichten und den Hinweisen auf den »Nationalorden José Marti« und alle die anderen Geschenke, die Staatschef Erich Honecker einst von Fidel Castro erhalten hatte.

Die Che-Poster waren im Osten so beliebt wie im Westen, nur daß man im Osten natürlich auch seine zeitweilige Gefährtin, die ostdeutsche Tamara Bunke, verehrte. Die im Osten hatten Fidel Castro vielleicht tatsächlich leibhaftig erlebt, so wie der Filmemacher Peter Timm (»Go, Trabbi, Go«), der dem *Maximo Lider* einst bei dessen Besuch in Ostberlin die Hand geben durfte. Fast täglich sei man in der Schule über den Fortgang der Revolution informiert worden, habe als Kind Stifte nach Kuba geschickt, damit die Kinder dort auch lesen und schreiben lernen konnten, erinnert sich Timm. So fühlte man sich als Teil der Revolution. Die Illusionen sind längst verschwunden, als Timm im November 1999 im Garten des Hotel Nacional über sein neues Filmprojekt sprechen will: Die Geschichte einer jungen deutschen Reiseleiterin, die es nach Kuba verschlagen hat. Mehr noch als um das Drehbuch scheint es ihm freilich darum zu gehen, seine heimliche, in der Jugendzeit unerfüllte Sehnsucht nach Kuba zu stillen.

Im ganzen Land sind nur ganz wenige Ostdeutsche bekannt geworden. Monika Krause-Peters etwa, eine gebürtige Rostockerin, war als eine der ersten Ostdeutschen in den sechziger Jahren als junge Frau nach Kuba gekommen. In den achtziger Jahren wurde sie so etwas wie die kubanische Erika Berger und gab im staatlichen »Rebellenfernsehen« abends zur besten Sendezeit Tips für ein glückliches Sexualleben. Sie pumpte Kondome mit Litern von Wasser auf, um deren Reißfestigkeit zu demonstrieren, und sie sprach gewandt und verständnisvoll über Impotenz und Orgasmusprobleme. *La professora* wurde sie von den Zuschauern respektvoll genannt. Immerhin war ihre »Nationale Forschungsgruppe für Sexualerziehung« auf höchster Regierungsebene angesiedelt, damit die Professorin für Sexualkunde möglichst erfolgreich den weit verbreiteten Machismo etwas zurückdrängen und die Gleichberechtigung vorantreiben konnte. Auf der Suche nach Verhütungsmethoden war sie immerhin so geschickt, daß man ihr den Revolutionsorden verlieh. Lange her. Monika Krause-Peters, so sagen die verbliebenen Ostdeutschen, sei schon Anfang der Neunziger zurück nach Deutschland. Der Söhne wegen, aber auch, weil die Versorgungslage auf der Insel immer schlechter wurde.

Unter den Verbliebenen gibt es einige, die froh sind, daß sie dem Streß der Marktwirtschaft entkommen sind. Und viele, die bedauern, daß sie nie wirklich wählen konnten, ob sie bleiben wollen oder nicht. Hannelore Moral kommt über eine halbe Stunde zu spät zu unserer Verabredung in einer Hotelbar im Vedado. Wie so oft, wartete sie vergeblich auf einen Bus. Die Deutsche ist Mitte Fünfzig und sie sagt: »Ich habe mein Leben gelebt. Ich erwarte mir nichts mehr von der Zukunft.« Schuld daran, sagt sie, sei eine Entscheidung, die sie vor über zwanzig Jahren getroffen habe. Es war die Entscheidung, von Ostberlin nach Havanna umzuziehen. Wenn sie Bilanz ziehe, sei es traurig, was sie in ihrem Leben erreicht habe, sagt sie: Hannelore Moral arbeitet beim Ministerium für Statistik in Havanna, beschäftigt sich mit »Protektion des Konsumenten«, wie es im offiziellen Sprachjargon heißt. »Bilanzierung der Warenstruktur, die nach Einkommen vorhanden sein müßte«, sagt sie. Andere Abteilungen machen Marktforschung, genauer: haben Marktforschung gemacht.

Befragungen von Bürgern gibt es schon lange nicht mehr. »Wir haben das von uns aus abgelehnt. Wenn wir die Leute befragten: Fehlt euch denn etwas? Was fehlt euch denn? Was hättet Ihr denn gerne? Da könnte man genausogut ein Pulverfaß anzünden.« Es gab Zeiten, da machte ihr die Arbeit Spaß. Damals erkannte sie einen Sinn darin: Fortschritt erkämpfen, zu einer gerechteren Verteilung und zu einem höheren Lebensstandard beitragen. Heute liege das Niveau ihrer Arbeit weit unter dem, was sie als Normalzustand bezeichnen würde: eine Hilfsarbeit. Handschriftlich muß sie Zahlenreihen eintragen, die sie meist gar nicht bekommt, weil sie Staatsgeheimnis sind.

Seit 1971 lebt die aus Cottbus stammende Frau nun auf Kuba. Damals war die Versorgungslage nicht viel besser, sagt sie, allerdings mit einem wichtigen Unterschied: Es gab Hoffnung, daß sich alles bessern werde. »Damals ging alles bergauf«, erinnert sich Hannelore Moral. Jetzt dagegen, bilanzierte sie bei unserem Treffen im August 1993, sei die Stimmung depressiv. Vor einem Jahr war sie das letzte Mal in der Oper, vor eineinhalb Jahren zum letzten Mal im Kino – früher ging sie alle 14 Tage. »Das kulturelle und geistige Leben stirbt ab hier«, sagt sie – nicht mal ein Restaurant könne man mehr besuchen. Freunde und Bekannte traue sie sich nicht einzuladen, weil sie ihnen nichts anbieten könne. »Ich sehe kein Fünkchen Hoffnung für meine Zukunft.« Damals, 1993, war die Lage besonders schwierig. Vieles hat sich seither wieder gebessert, doch die ursprüngliche Hoffnung auf einen wirklich großen Aufschwung kehrte bei den Ostdeutschen wie beim Großteil der Kubaner seither nie mehr zurück. Die Leidenschaft, mit der die »Cuba Sî«-Solidaritätsgruppen in Deutschland für Biogas- und Solarenergieanlagen spenden, Medikamente und Milchpulver liefern und verbissen gegen die Blockade und für Kuba kämpfen, ist vielen auf der Insel suspekt – solange sich die Solidaritätsleute eben – wie sie selbst sagen – »nicht in innere Angelegenheiten Kubas einmischen« wollen. Daß Fidel Castros Diktatur permanent Menschenrechte verletzt, ist tabu für sie.

»Wie willst du klarmachen, daß die Probleme hier ökonomisch sind, nicht politisch?« sagt Otto Marquardt. »Wenn die hier zu essen und zu trinken haben, dann rappeln die sich wieder auf.« So hat auch er das Thema Menschenrechtsverletzungen aus seiner Berichterstattung ausgelassen. »Ich hoffe, daß nicht gefoltert wird«, sagt er. Sicher sei er sich da freilich nicht mehr, »nach dem, was in der DDR alles passiert ist.« Einmal, sagt er, sei er zusammen mit anderen Journalisten durch ein Gefängnis geführt worden. Er habe einen Wärter gesehen, der einen Gefangenen geschlagen habe. Berichtet habe er darüber nicht, denn der Gefangene habe den Wärter zuvor »angepißt«. Außerdem sei der Wärter von seinen Vorgesetzten zur Rede gestellt worden. Überhaupt sei das Gesehene wohl nur ein Einzelfall gewesen, verteidigt sich Otto. Ein Einzelfall? Wohl wahr. Man kann Otto wohl vorwerfen, daß er nie wirklich wissen wollte, ob dieser Vorfall die Ausnahme der Regel oder aber nur ein kleiner Einblick in die Wirklichkeit des Gefängnisalltags war. Aber hätte man an seiner Stelle für dieses Wissen das kleine Paradies namens Kuba aufgegeben?

Die Geduld der Palmen

Wie den Exilkubanern nochmals ein Stückchen Heimat abhanden kam

Luis Molina erzählt gleich im ersten Satz, daß er schwul ist, und hängt dann gerne ein »Und du?« dran. Luis ist Maler, und die Ölbilder des Kubaners zeigen kubanische Götter und öfter noch kubanische Göttinnen. »Mulatinnen«, sagt er, »das ist Kuba. Ich erkenne Schönheit, wo sie ist.« Luis malt in reichen Farben, zeigt Hinterteile und steile dunkle Brustwarzen, rote Lippen, »weil in Kuba nicht ohne Salz gegessen wird«, hohe Wangenknochen, mit Honig bestrichene Bäuche, Mandelaugen zwischen Orchideen, Bananen und der süßen kubanischen Frucht Marañone, die Luis nur zweimal in seinem Leben gekostet hat, und deren Stengel wie Gewürzgurken eingelegt werden.

Bevor Luis nach Miami zog, hatte er einen Blumenladen in New York. Seine Miami-Urlaube mündeten schießlich in einem Daueraufenthalt. An Sonntagen ißt Luis seitdem sein Frühstück am Ocean Drive von South Beach, nicht weit von dort, wo der Modedesigner Gianni Versace erschossen wurde, und danach spaziert er mit seinem Freund Hand in Hand die Promenade auf und ab, und mit der Baseballmütze, seiner glatten Haut, dem schmalen blonden Schnurrbart und dem schlanken Körper sieht Luis viel jünger aus als seine 56 Jahre.

Als Fidel Castro 1959 Kuba übernahm, war Luis 16 und ziemlich durcheinander. Er fand die Mädchen schön und malte sie und mehr nicht. Ihm dämmerte, was er nicht wahrhaben wollte und dann doch versuchte. Nach sechs Monaten seines dreijährigen Militärdienstes verpfiff ihn jemand. Er kam für ein halbes Jahr ins Arbeitslager, und weil man danach bei den Streitkräften nicht wußte, wohin mit ihm, landete er für den Rest der Zeit in einem anderen Arbeitslager. Danach lebte er ängstlich und so unauffällig wie möglich, bis er 1980 mit 125.000 anderen Kubanern von der Hafenstadt Mariel im Westen Kubas aus die Insel verließ. Er habe stets das Talent besessen, unschönes aus seiner Vergangenheit zu verdrängen, sagt Luis. Aber heute sei er sehr traurig, denn »sie werden den kleinen Elián zurückschicken«.

Es sind nicht viele, dreißig vielleicht, aber sie sind zornig für mindestens zweihundert. Sie stehen auf einem kleinen Platz an der Kreuzung W. Flagler und 17. Avenue im Klein-Havanna von Miami. Wasser in einem Brunnen schimmert flaschengrün, darauf schwimmt ein Mini-Lkw-Schlauch, auf dem »Balsero« steht. Ein in Marmor gehauenes Zitat des kubanischen Freiheitskämpfers und Dichters José Marti sagt: »Die Palmen sind die wartenden Geliebten«. Hinter dem Brunnen liegt das Büro von Alpha 66, der militantesten aller Exil-Kubaner-Gruppen, wo vergilbte Fotos mit Männern in Uniformen und Maschinenpistolen von der ewig geplanten Invasion Kubas durch die Exilanten zeugen, und im Schaufenster von Alpha 66 wiederholt José Marti sein Zitat.

Die dreißig Demonstranten halten Flaggen, kubanische, aber auch amerikanische. Einige tragen Camouflagehosen und bewaffnet sind sie mit in der Sonne blitzenden Megaphonen. Eine junge, blinde Frau sitzt in einem Zelt, der siebte Tag eines Hungerstreiks, weil, wie sie sagt, ihre siebenjährige Tochter Kuba nicht verlassen darf. Solidarisch hupen vorbeifahrende Autos. Ein Fahrer kurbelt sein Fenster runter und schreit »Fidel wird euch noch zwanzigmal besiegen«, und gibt rasch Gas. »Descarado«, »Scheißkerl«, kreischt es ihm aus einem Megaphon hinterher. Dann steigen die Exil-Kubaner in ihre Autos. Langsam fahren sie die 7. Straße hinunter. Von den Bürgersteigen winken alte Frauen, und Kinder mit Zahnlücken spreizen die Finger zum Siegeszeichen. In den Acht-Uhr-Nachrichten wird es später heißen, daß die Demonstrationen zunähmen und heute zweihundert Kubaner in ihren Autos die 7. Straße blockiert hätten, bis ihr Anführer, der schrille Miguel Saavedra von der militanten Gruppe Vigilia Mambisa, vorübergehend von der Polizei festgenommen worden sei, wegen Gefährdung der öffentlichen Ordnung.

Ein paar Blocks weiter südlich balanciert die öffentliche Ordnung seit langem auf einem dünnen Seil. Vor dem cremefarbenen Haus der Familie Gonzáles, wo Elián seit beinahe fünf Monaten wohnt, baumelt eine lebensgroße Puppe von Fidel Castro, die über der grünen Uniform einen Büstenhalter mit Spitzen trägt, und deren Gesicht wütende Schläge von alten Frauen und Männern einfängt. Käme Elián gerade jetzt aus dem Haus, und er läuft ein paarmal täglich zum Spielen in den Garten, er könnte dieses Bild sehen, und ein Reporter findet den Gedanken lustig, daß der kleine Elián dies ja dann Fidel erzählen könnte bei einem der künftigen Zusammentreffen.

Denn der Kampf um Elián ist verloren. Juan Miguel Gonzáles ist in die Vereinigten Staaten gekommen, um seinen Sohn abzuholen, und die US-amerikanische Justizministerin Janet Reno hat unmißverständlich erklärt, daß genau dies zu passieren habe, und sei es mit Gewalt. Zäh wie Öl im Gefieder eines Wasservogels sitzt diese Tatsache unter den Exil-Kubanern. Jahrelang fühlte man sich hilflos. Jorge Mas Canosa, der einflußreiche militante Exilkubaner, der in Klein-Havanna als nächster Präsident Kubas gefeiert wurde, starb 1997, und der Jahr für Jahr zu Silvester ausgestoßene Trinkspruch

»Nächstes Jahr in Havanna« verkam zur Floskel. Dann kam Elián.

Auf der Agenda des Bürgermeisters von Miami, Joe Carollo, steht seit dem Erntedankfest 1999, als Elián von zwei Fischern in der Straße von Florida auf einem Lastwagen-Schlauch halbtot gefunden wurde, nicht viel mehr als diese Schlacht. Oft geht er in dem cremefarbenen Haus, das auch nachts vom Fernsehlicht der vielen Teams angestrahlt wird, ein und aus. Immer wieder läuft er hemdsärmelig zu den Demonstranten, die hinter einer Absperrung auf ein Wunder warten, und schüttelt Hände. Erst vor ein paar Tagen wurde Carollo von Janet Reno im Fernsehen persönlich abgewatscht, Miami sei nunmal Teil der Vereinigten Staaten und damit gelte, was für alle gelte.

Carollo ist dieser Tage kein glatter Politiker. Manchmal stehen ihm Tränen in den Augen, wenn er die Hände der Demonstranten schüttelt, um zu schlichten, oder neuerdings auch, um zu trösten. Weil Carollo so oft bei den Gonzáles ist, kann jeder mit ihm reden, der will. Carollo war sechs Jahre alt, als er in Miami eintraf. Die Eisenhower-Regierung zusammen mit der katholischen Kirche schaffte 1960 vierzehntausend Kinder heimlich aus Kuba. Gabriel Garcia Marquez schrieb kürzlich in einem Aufsatz über Elián, daß die Anti-Kuba-Propaganda zu dieser Zeit derart massiv war, daß fünfzig Mütter aus Bayamo im Osten der Insel ihre Kinder lieber umbrachten, als sie in Kuba aufwachsen zu sehen.

»Pedro Pan« hieß die Aktion. Carollo sagt, er habe Glück gehabt, weil seine Eltern sechs Monate später nachkommen konnten, aber er kenne trotzdem keine ehemaligen »Pedro-Pan-Kinder«, die im nachhinein nicht froh gewesen wären, die Insel verlassen zu haben. Bei Castro habe er als Kind schon lügen müssen, wenn er gefragt wurde, was er von ihm halte. Und nun solle man sich nicht einbilden, daß

Juan Miguel Gonzáles ein freier Mann sei, weil er in den USA sei. Denn auch frei sein will gelernt werden.

Wer dem Bürgermeister auf seinen zahlreichen Runden durch den drei Meter breiten Pressestreifen vor dem Haus der Familie Gonzáles hinterherläuft, kann auch hören, daß der kubanische Diplomat, bei dem Juan Miguel in einem Vorort von Washington untergebracht ist, ein nachgewiesener Kriegsverbrecher sei, und Carollo spricht offenherzig von seiner Vermutung, daß Fidel einen Trumpf gegen Eliáns Vater in der Hand hält. Wahrscheinlich sei sein Trumpf die Familie der neuen Frau von Juan Miguel, die ihn mit dem sechs Monate alten gemeinsamen Baby nach Washington begleitet. Von denen würde man interessanterweise nie etwas hören, sagt Carollo. Klein-Havanna war immer findig im Spinnen von Konspirationsgeschichten, einem Geflecht aus Kalkül, Angst und Wunschdenken, und mehr als einmal machte das Gerücht vom Tod des 73jährigen Castro die Runde.

Vor dem Haus der Familie Gonzáles rattern Stromaggregate, es riecht nach Haarspray, gepuderte Fernsehansager versprechen sich zum dritten Mal bei ihrer Ansage, dauernd klingelt irgendwo ein Handy. Eine Hebebühne fährt einen Agenturfotografen von AP meterhoch in die Höhe; er hat den besten Blick in den Garten hinter dem Haus, wo Elián verfrüht bunte Plastikostereier sucht, wieder in die Büsche wirft und noch einmal findet. Ein Postbote in kurzen Hosen läuft geduckt vor den Fotografen die Straße entlang, um die heutige Post auszuliefern, ein Stückchen Normalität in diesem bizarren Zirkus. Immer wieder klettern die Reporter über eine Pfütze und zwei Absperrungen zu den Demonstranten. Einer fällt und schlägt sich den Kopf blutig. Die Demonstranten sind höflich, helfen ihm auf die Beine und kümmern sich um ihn, bis der Notarzt eintrifft.

Der Großteil der Demonstranten ist in den Fünfzigern und Sechzigern. Für ihre Geschichten von verlorenen Vermögen und dem Wunsch, wieder einmal die Luft von Pinar del Rio riechen zu können, aber auch für haarsträubende Mordkomplott-Theorien und Geschichten, die von der Allmacht Fidel Castros erzählen, der nun auch Bill Clinton und Janet Reno zu seinen Gehilfen gemacht habe, suchen sie Zuhörer. Davon wollen jedoch höchstens frisch eingetroffenen Pressevertreter noch etwas hören.

Ein junges Mädchen blickt suchend von der Absperrung zu dem Drei-Meter-Streifen der Journalisten. Sie zittert und weint, und ein blauer Regenschirm schützt sie vor der Sonne. Einige Journalisten glauben plötzlich, in ihrem Gesicht eine andere Geschichte lesen zu können. Viele der Nachgeborenen von kubanischen Exilanten mögen die endlosen, traurigen Geschichten von zerrissenen Familien nicht mehr hören, wollen nicht ewig in Nostalgie schwimmen, die durch die Jahre in immer schöneren Farben gezeichnet wird und von einem Kuba erzählt, wo der Sand so fein und weiß ist wie Zucker und wo einst alle Welt in perfekter Harmonie zusammenleben konnte.

Der Zorn ihrer Eltern darüber, daß ihnen ihr Land weggenommen wurde, der Ort, wo sie vorhatten zu heiraten, Kinder zu kriegen und zu sterben, strengt an. Viele junge Kubaner gehen deshalb aus Miami weg: sie leben und heiraten woanders und wollen auch woanders sterben. Für ihre Lebensentwürfe liegt Miami zu nah bei Kuba. Also ziehen sie nach Iowa, Kalifornien oder Oklahoma, und deswegen fühlen sich viele Exilkubaner in Miami am Ende von Kuba, von Amerika und von ihren eigenen Kindern verraten. Das junge Mädchen heißt Jennifer Guerre und ist erst achtzehn Jahre alt, und sie weint, und die Fotoapparate klicken.

Als ein weißer Pick-up-Truck selbstgezimmerte

Flöße bringt, waghalsige Konstrukte aus Styropor und alten Holzlatten, Lkw-Schläuchen und T-Shirts als Segel, auf denen einmal Menschen über die Straße von Florida gefahren kamen, wandelt sich Jennifers Weinen zu einem Schreien. Die Flöße sollen zeigen, »was Kubaner auf sich nehmen, um dem Diktator Castro zu entgehen«, wie der Anführer der »Demokratischen Bewegung Kuba«, Ramón Saul Sanchez, sagt. Ein hochgewachsener Mann mit silbernem Haar schreit von hinter der Absperrung den Journalisten zu: »Vergiß das Ausbildungssystem, vergiß die kostenlose medizinische Versorgung, das ist die Wirklichkeit Kubas. Macht jetzt eure Fotos.« Die Kameras zielen auf Jennifer.

»Ich habe eine Schwester in Kuba«, schreit Jennifer, »die ich noch nie sehen durfte. Meine Großmutter konnte nie mit mir Schokoladenplätzchen backen. Habt ihr Schwestern, habt ihr Großmütter?« ruft sie den Reportern entgegen. Dann dreht sie sich um und stakst zitternd davon. Ihr Vater ist Kubaner und kam auf einem solchen Floß, ihre Mutter stammt aus Ecuador, Jennifer ist Amerikanerin und weiß nicht, wohin.

Michel Monal ist Maler, zwanzig Jahre alt, lebt seit zwei Jahren in den Vereinigten Staaten, und er hat schon eine Ahnung, wo er hin möchte. »Nach Europa, wo Kunst noch gewürdigt wird und nicht nur ein reines Geschäft ist«, sagt er. Für eines seiner Bilder borgt er die Ästhetik von Picassos Bild »Guernica«. Elián sitzt in der Mitte, rechts ziehen, surreal verzerrt, kubanische Symbole an ihm, von links zerren gleichermaßen die Vereinigten Staaten. Weil es offenbar niemand kaufen will, bietet er es zum Geschenk an. Er und seine Freundin Yaima, die wie Michel aus Havanna kommt und ebenfalls seit zwei Jahren in Miami lebt, waren im Dezember auf Besuch in Kuba. Fast wären sie geblieben. Das Leben in Miami strenge sie an, die vielen Rechnungen, die

Geschwindigkeit des Daseins. Die Amerikaner fänden sie kalt, und die Exilkubaner, die würden manchmal überheizen. In ihrer Wohnung in Miami haben sie viele Kunstbücher, die sie sich auf Flohmärkten besorgen. »Paris oder Madrid, das wäre das richtige«, sagt Michel strahlend, der, weil er nur auf der Durchreise ist, kein Englisch lernen möchte.

Fünf Tage, nachdem Eliáns Vater in Washington eintraf, stranden zwölf Kubaner in einem selbstgezimmerten Boot am Strand der Keys von Florida. In den Abendnachrichten laufen Bilder mit Gesichtern, die vor Erschöpfung und vor Glück glänzen. Zwei Familien, Mütter mit ihren Kindern. So hätte Elián mit seiner Mutter Elizabeth Broton im November ankommen können. Die ersten Bilder von Elián nach seiner Rettung zeigten einen dürren Jungen mit großen Augen, verwirrt und traurig. Viereinhalb Monate später, wenn Elián das cremefarbene Haus in Klein-Havanna zum Spielen verläßt, lächelt er. Er strahlte, als er nach beinahe fünf Monaten seinen Vater wiedersah. Es wäre schön, könnte es nun ruhig werden um Elián Gonzales. Denn seine Zukunft ist nicht die Zukunft Castros und auch nicht die Zukunft der Exilkubaner. Gewiß ist allein, es wird eine Zukunft ohne Mutter sein.

Chaos und Cheeseburger

Wie die kubanisch-amerikanische Schriftstellerin Cristina Garcia nach einem Ort zwischen Havanna und Miami sucht

Cristina Garcia sagt, sie habe kein Interesse an Politik. Dreimal wurde sie in den vergangenen Wochen von der *New York Times* gefragt, ob sie nicht über Elián Gonzales, den kleinen Kubaner, der zum Erntedankfest aus dem Ozean vor Florida gefischt wurde, und über dessen Schicksal sich Exil- und Castro-Kubaner zum Osterfest noch immer in den Haaren liegen, einen Kommentar schreiben wolle. Das könne sie nicht, hat die Schriftstellerin geantwortet, weil sie weder den Jungen kenne noch seinen Vater, noch seine Verwandten in Miami, und auch sei sie Fidel Castro nie begegnet, über den sie dann ja ebenfalls schreiben müsse, und das einzige, daß sie sagen könne, sei, daß ein Kind zum Vater gehöre, wenn die Mutter nicht mehr lebe, denn die Verbindung zwischen Eltern und Kindern sei heilig. Da sie selbst eine Tochter habe, könne sie dies jedenfalls sagen, was für einen Zeitungsartikel wenig wäre.

Die 41jährige Cristina Garcia reiste vor sechzehn Jahren zum ersten Mal zurück nach Kuba, nachdem die Familie 1961 die Insel verlassen hatte. Zwei Wochen verbrachte die damals Fünfundzwanzigjährige im Haus der Mutter ihrer Mutter an der Nordküste Kubas. Ihr Spanisch war holprig, dafür fand sie ihre Stimme als Schriftstellerin, sagt sie. Garcia, die bis dahin als Journalistin gearbeitet hatte, schrieb nach ihrem Besuch einen Roman mit dem Titel »Träumen auf kubanisch«, es folgte »Die Aguero Schwestern«. Sie ist fertig mit dem dritten Buch, das wie die anderen Romane zu großen Teilen in Kuba spielt. Obwohl der Schauplatz, wie sie sagt, nicht gerade Zufall, aber auch nicht übermäßig wichtig sei.

Sie sei stets eine Fremde geblieben in Kuba, so, wie sie eine Fremde innerhalb ihrer Familie war. Deswegen passe das Etikett von der kubanischen Schriftstellerin nicht. Sie schreibe über Angelegenheiten, von denen sie etwas verstehe, und das wären zerrissene Familien, und wenn sie sich als Schriftstellerin so etwas wie einem Thema verpflichtet fühle, sei es genau dies, und nun sei es halt mal so, daß es gerade in Kuba mehr zerrissene Familien gebe als anderswo. Das hat sie dem Redakteur von der Kommentarseite der *New York Times* so erklärt, und es verwundert nicht, daß er danach noch zweimal zurückgerufen hat, um von ihr doch einen Text in Sachen Elián Gonzales zu ergattern.

Cristina Garcia blieb in ihrer Familie eine Fremde, weil sie sich im Kuba ihrer Eltern nicht zu Hause fühlen konnte. »Ich fuhr hin, um Kuba selbst zu entdecken«, sagt Garcia. Das Kuba, das sie fand und das ihr gefiel, war das Kuba ihrer Großmutter, einer alten Frau mit revolutionärer Vergangenheit und viel Zeit. Cristina Garcia sagt, das sei eine spirituelle Begegnung gewesen mit einer Frau, die an die Revolution geglaubt habe und die nun zu alt gewesen sei, aus ihrer Enkelin eine Revolutionärin machen zu wollen, und bei ihr fand Cristina Garcia nun zum ersten Mal eine Art Gelassenheit, Kuba betreffend.

Seit dem Tod der Großmutter kommt Cristina Garcia weniger oft auf die Insel. Neulich nahm sie eine Einladung an, an einem Workshop für kubanische und amerikanische Schriftsteller in Havanna teilzunehmen. Ob sie als Kubanerin oder Amerikanerin eingeladen war, weiß sie nicht genau. In dem alten Haus der Großmutter am Meer wohnt seit ihrem Tod eine andere Familie, und Cristina Garcia mußte sich in einem Hotel im Stadtteil Vedado einmieten. »Die kubanischen Teilnehmer haben mehr geschrieben als die Amerikaner, die Amerikaner haben mehr veröffentlicht«, und darüber freut sich Garcia, weil die Lethargie sonst so ausgeprägt sei in Kuba, und weil sie immer höre, daß die kubanische Intelligenzija das Land verlassen habe und eine tiefe kulturelle Krise das Land durchziehe.

Abends, sagt sie, nach der Arbeit, treffe sie sich mehr mit den Amerikanern als mit den Kubanern. »Die Kubaner sind ungeheuer höflich, fragen ganz viel, aber man merkt ihnen die viele Angst an. Ich wollte gestern diesem alten Ehepaar ein Buch geben, das ich im Hotelzimmer hatte. Sie durften die Rezeption nicht passieren«, sagt Garcia, »nur weil sie Kubaner waren. Ich verstehe die Angst der Leute, andererseits weiß ich oft nicht, woran ich bei ihnen bin.« Das Buch war eine Ausgabe von José Marti, den Kuba-Kubaner genauso schätzen wie die Exilanten in Miami. Als Christina Garcia etwas später im Hotel Nacional auf spanisch einen Kaffee bestellt, antwortet ihr der Kellner auf englisch, und auf der Straße flüstern ihr Gestalten aus Hauseingängen vermeintlich günstige Zigarrenangebote zu. Für die Kubaner ist Cristina Garcia Ausländerin, und das auf den ersten Blick.

Celia heißt die Protagonistin in Cristina Garcias erstem Roman »Träumen auf kubanisch«. Als junge Frau liebt Celia den vierzehn Jahre älteren Spanier Gustavo. Der reist während ihrer größten Verliebtheit ab, ohne sich verabschiedet zu haben. Vor Schmerz wird Celia krank. Ein paar Jahre später heiratet sie einen anderen Mann, mit dem sie drei Kinder haben wird. Einmal im Monat schreibt Celia ihrem Gustavo einen Brief. Die Korrespondenz wird ihre Hoffnung, ein paralleler und virtueller Lebensentwurf zu dem Alltag als Ehefrau mit Kindern, mit einem Haus und einer Schwiegermutter. Von Fluchtplänen spricht sie in ihren Briefen, von dem, was hätte sein können.

Die Briefe sind ihr Ort für Träume, ein Platz ihrer Wahrheit, wo sie sein darf, wie sie sein möchte, während ihr Leben an Routine und nützlichen, aber fahlen Arrangements zunimmt. Am Tag nach dem Sieg der Revolutionäre über den Diktator Battista wird Celia fünfzig und zum ersten Mal Großmutter, und an dem Tag schreibt sie nach dreißig Jahren ihren letzten Brief an Gustavo. Auf ihrem Nachttisch steht von nun ab ein gerahmtes Foto des uniformierten Fidel. Der Traum von Gustavo hat sich mit den Jahren verwaschen. Celia tröstet sich gar damit, daß Gustavo ihren neuen Traum gutgeheißen hätte. Für ihr Leben heißt die Rettung nun Fidel Castro.

Greisenhaft alt sitzt Celia dreißig Jahre später nachts mit Ferngläsern vor ihrem Haus an der Nordküste Kubas und hält Wache für die Revolution. Sie fühlt sich persönlich ausgezeichnet für diese Aufgabe, zieht sich fein an dazu. Sie ist allein. Ihr kranker Ehemann hat das Land verlassen, lebt bei der ältesten Tochter Lourdes in Brooklyn, wo Lourdes eine Bäckerei mit dem Namen Yankee Doodle Bäckerei betreibt. Pilar, die Tochter von Lourdes, fühlt sich mit ihrer Großmutter in Kuba verbunden, worunter ihre Mutter Lourdes leidet, die den Zorn und die Härte des Zwangsexilanten in sich trägt. Lourdes fühlt sich in ihrem Leid von der Tochter allein gelassen.

Die andere Tochter Celias, Felice, lebt mit ihren Kindern noch in Kuba, desillusioniert und an der Grenze zur Depression, ein Schatten ihrer Vergangenheit. Für Lourdes steht sie stellvertretend für das gegenwärtige Kuba. Sie ist ein Opfer der Revolution und damit ein Opfer ihrer eigenen Mutter geworden. Was Cristina Garcia aufzeigt, ist der Verlust einer Generation. Erst Enkelin und Großmutter können sich wieder verstehen und zueinander finden, als Familie und als Kubaner, während die Kinder Celias, Pilars Mutter, ihre Tanten und ihr Onkel im tschechischen Exil in Haß oder Lethargie versinken.

In Garcias zweitem Buch, »Die Schwestern Aguero«, erzählt sie eine Geschichte von zerrütteten Familien. Die kubanischen Schwestern Aguero werden getrennt, bei derjenigen im Exil von Miami verwandelt sich der Haß auf Verlust und Exil in Aktionismus und fahl bleibenden Erfolg, bei der anderen, in Kuba gebliebenen, wird Desillusion zu Lethargie, aus der die einzige Rettung sexuelle Phantasien und Erlebnisse sind.

Cristina Garcia wuchs in New York auf, lebte eine Zeitlang in Washington und heute in Kalifornien. Miami, sagt sie, habe so ein haßerfülltes Klima, und sie kenne zahlreiche Kubaner ihrer Generation, die andere US-Städte vorzögen und meistens heimlich, ohne das Wissen ihrer Eltern, zum ersten Mal nach Kuba reisten, um sich ein eigenes Bild vom gelobten und gehaßten Land ihrer Eltern zu machen. »Unsere Eltern sind stolz auf uns, und wir sind für sie die ständige Erinnerung, daß es gut war, aus Kuba weggegangen zu sein. Und insgeheim freut sich meine Mutter auch, daß ich ihren Haß nicht kenne und nicht teile, weil sie die Freiheit, die ich dadurch habe, erkennt«, sagt Garcia. »Das verändert nicht ihre eigene Wut auf Kuba. Und manchmal ärgert sie sich über die erlittenen Entbehrungen, weil ich ihr zwangsläufig undankbar vorkommen muß. Aber es läßt meine Mutter auch hoffen für ihre Insel«, sagt Cristina Garcia. Und auch Cristina Garcia möchte hoffen. Sie sieht Chaos und Cheeseburger, wenn sie an die Zukunft Kubas denkt.

Seit Cristina Garcias Eltern nicht mehr arbeiten, haben sie New York verlassen und leben in Miami, wegen des Wetters und wegen der Golfplätze, sagen sie, doch Cristina Garcia weiß, daß sich die entwurzelten Eltern in Miami ihrer Heimat näher fühlen, was für sie im Alter immer wichtiger würde, denn eines sei nicht passiert seit 1961, nämlich daß ihre Eltern Amerikaner geworden seien. Große Angst hatte

Cristina Garcia davor, wie ihre Mutter auf ihr erstes Buch reagieren würde. »Sie machen Fidel für das Unglück verantwortlich. Für jedes Unglück. Wenn eine Ehe scheitert, ein Geschäft bankrott macht, man krank wird: Fidel ist schuld. Er ist für meine Eltern ein Teufel«. Im Buch bleibt Fidel im Hintergrund.

Für Garcias Mutter gab es zum Beispiel keine Zweifel, daß die wahre Heldin des Buches Lourdes ist, eine starke Frau, die gegen Kuba kämpft. Garcia sagt, in ihrer Lesart war Lourdes die uneingeschränkte Heldin des Buches. Lourdes gibt dem Drängen ihrer Tochter nach, und sie fahren zusammen nach Havanna. Jedes verfallene Haus steht für Lourdes für den Verfall ihres Landes. Sie attackiert aufgemalte Parolen, streicht und schreibt um. Aus »Sozialismus oder Tod« wird »Sozialismus ist Tod«.

Im Jahr 1982 flüchteten sich Hunderte von Kubanern in die Botschaft von Peru. Die Zahl der Gruppe wuchs rasant, es hieß, den Kubanern würde die Ausreise gewährt werden, und um die Angelegenheit so schnell wie möglich zu beenden, erlaubte Fidel tatsächlich vierhundert Kubanern die Ausreise. Lourdes hört von den wartenden und hoffenden Menschen und bringt den Sohn ihrer Schwester hin, in der festen Überzeugung, den Jungen zu retten. Weder ihre Mutter noch die Mutter des Jungen wissen etwas von der Entführung. Die Frage, ob die Freiheit oder die Eltern wichtiger sind, beantworten Exilkubaner und Zurückgebliebene seit jeher unterschiedlich.

Das zweite Buch von Cristina Garcia haben die Eltern dann schon weniger aufmerksam gelesen. »Wer nicht in Kuba aufgewachsen ist, versteht es einfach nicht«, sagen sie und haben aufgegeben. Vielleicht ist es deswegen gut, daß die Generation, die nach Kuba zurückkommen wird, nicht dort aufgewachsen ist und so den Aufbau des Landes unvoreingenommen angehen kann. »Und sie kommen zurück. Alle, auch die Geister«, sagt Cristina Garcia und summt das Lied von Gloria Estefan: »Das Land zerreißt dir die Seele, wenn du nicht da bist …«

Als Cristina Garcia ihre Großmutter in den Jahren vor ihrem Tod in ihrem kleinen Haus an der Nordküste Kubas besuchte, war die alte Frau überzeugt, früher einen spanischen Liebhaber gehabt zu haben. Sie sprach nun davon, wie sie ihm vor vielen Jahren nachgeblickt habe, als er über einen großen und von Palmen umsäumten Platz gegangen und verschwunden sei. Sein Name sei Gustavo, erzählte die Großmutter ihrer Enkelin. Sie flüsterte und kicherte, denn neuerdings, wenn sie für die revolutionäre Bürgerwehr nachts Wache schiebe und mit dem Wasser allein sei, kehre er zu ihr zurück. Marschiere übers Wasser schnurstracks auf sie zu. Er komme in der Dunkelheit und bleibe bis zum Morgengrauen. Bis zu ihrem Tod verbrachte Cristina Garcias Großmutter keine Nacht mehr allein.

Nachsatz

Thomas Schuler hat seine Geschichten während dreier Reisen in den Jahren 1993, 1996 und 1999 recherchiert. Für dieses Buch wurden alle Texte überarbeitet und zum Teil stark aktualisiert und erweitert. »Kartoffeln zum Dessert«, »Die Geschichte des Negativs Nr. 40« und »Ein Dorn im Fleische Kubas« sind während eines sechswöchigen Aufenthalts im Sommer 1993 entstanden und in gekürzter Form in der *Süddeutschen Zeitung* (München), in der *Weltwoche* (Zürich) und im *Aufbau* (New York) erschienen. »Das Geheimnis um Castros Geliebte« ist 1994 in der *Süddeutschen Zeitung* erschienen. »Hunger nach etwas« wurde 1996 und 1999 recherchiert und in der *Berliner Zeitung* veröffentlicht. »Die Geschichte des Milchpulvers« war bislang unveröffentlicht. Thomas Schulers Dank richtet sich vor allem an Carlos und Conrado, die ihm »ihr« Kuba zeigten. Dank auch an Klaus Podak und Achim Zons (*SZ am Wochenende*), an Hermann Pichler *(Aufbau)* sowie an die Magazin-Redaktion der *Berliner Zeitung*.

Michael Saurs Geschichten »Beim Salsa wird nicht geschwitzt«, »Mehr Musiker als Musik« »Vogelfrei« und »Fleischeslust« entstanden während seines zweiten mehrmonatigen Kubaaufenthalts von Mai 1999 bis Oktober 1999. »Im schwarzen Mantel« und »Chaos und Cheeseburger« entstanden im Januar und Februar 2000. Die Geschichte »Die Geduld der Palmen« recherchierte er im April 2000 in Miami. Sein Dank gilt Jürgen Schaefer, der ihn seit seiner ersten dreimonatigen Havanna-Reise im Herbst 1998 in Kuba begleitet hat. Weiter dankt er Sven Creutzmann, dem er hoffentlich weiterhin Fragen stellen darf.